智元微库
OPEN MIND

成 长 也 是 一 种 美 好

企业
合规管理
实战入门

方拯 ———————————————— 著

人民邮电出版社

北京

图书在版编目（CIP）数据

企业合规管理实战入门 / 方拯著. -- 北京：人民
邮电出版社，2022.9
ISBN 978-7-115-59874-5

Ⅰ．①企… Ⅱ．①方… Ⅲ．①企业法－研究－中国
Ⅳ．①D922.291.914

中国版本图书馆CIP数据核字(2022)第145205号

◆ 　　著　方　拯
　　责任编辑　黄琳佳
　　责任印制　周昇亮

◆ 人民邮电出版社出版发行　　北京市丰台区成寿寺路 11 号
　　邮编 100164　　电子邮件 315@ptpress.com.cn
　　网址 https://www.ptpress.com.cn
　　涿州市京南印刷厂印刷

◆ 开本：720×960　1/16
　　印张：18.75
　　字数：300 千字

　　　　　　　　　　　　　　　　　2022 年 9 月第 1 版
　　　　　　　　　　　　　　　　　2022 年 9 月河北第 1 次印刷

定　价：79.80 元

读者服务热线：（010）81055522　印装质量热线：（010）81055316
反盗版热线：（010）81055315
广告经营许可证：京东市监广登字 20170147 号

PREFACE <<< 序 >>>

　　于我而言，有机会参与企业合规实践并研究企业合规属于始料未及，由于我所在的企业被世界银行以投标过程中提供虚假资料的原因制裁，作为企业总法律顾问，我从 2014 年开始兼任企业首席合规官。那时，绝大多数人并不了解合规，更不知道首席合规官是干什么的，于是开会时我经常被其他单位的领导请教"首席合规官是什么东西"，我往往会苦笑一声说："是个好东西。"得益于早年学习和讲授国际经济法，我能够较早地从国外的研究中知道企业合规的重要性和必要性，那时合规在国内远没有现在的热度，也没有什么资料可查，更缺少可供借鉴的成功经验。我凭着大部分湖南人的霸蛮精神，与我的团队从国外网站翻译相关资料，与独立监督人一起起草所在企业的诚信合规政策，一遍又一遍地修改，与世界银行廉政局官员一次又一次地开电话会议。由于有时差，电话会议基本都是在晚上召开，结束时往往已经是凌晨。会后走出办公室，看着空荡荡的走廊，虽然辛苦，却有一种专业拓荒的满足感。正所谓苦心人天不负，2017 年 5 月 19 日，企业收到了世界银行解除制裁的函件。

　　2017 年 7 月，我收到世界银行发来的函件，邀请我作为世界银行代表团的专家代表参加由中纪委 [①] 与世界银行联合举办的共建廉洁之路的研讨会，并发表主题演讲；2018 年 1 月，我又参加了由中纪委、国资委 [②] 与世界银行共同举办的"一带一路"沿线有关国家中国企业合规经营培训班，成员来自中纪委、国资委、世界银行、亚投行 [③] 与部分中央企业以及专业机构的中外代表。作为

[①]　全称是"中国共产党中央纪律检查委员会"。
[②]　全称是"国务院国有资产监督管理委员会"。
[③]　全称是"亚洲基础设施投资银行"。

受邀的唯一一家省属国有企业代表，我在培训研讨会上作了主题演讲；2018年2月，中国对外承包工程商会与世界银行共同举办了新形势下国际业务合规经营与风险防范研讨班，我受邀就中国企业海外经营如何做到合规经营作了主题演讲；2018年3月，我受世界银行廉政局之邀参加在越南河内举行的世界银行全球诚信合规工作经验分享会并发表演讲；2019年10月，我被中国对外承包工程商会聘为海外合规经营专家委员会专家；2021年12月，我被中国国际贸易促进委员会聘为全国企业合规委员会专家。此外，更有各类企业邀请我去讲授企业合规，或是来长沙向我咨询关于如何应对世界银行制裁的各类问题。

这些经历让我有了一种责任感，希望写一本书总结一下自己在研究与实践企业合规方面的一些心得体会。企业日常的合规工作是具体而琐碎的，我们总结分享一些经验能让合规的实践者少走一些弯路，以此帮助更多的企业，这是我们写作本书的初衷。

合规从不同的角度兴起，不同法律部门对于企业合规的要求往往有不同的价值取向和目标，从经济和社会规制中的行为监管，到作为刑事制裁的替代手段，再到公司法中的社会责任和注意义务，引导企业成为合规企业是所有监管者的共同目标。从这个意义讲，任何企业都面临合规经营的挑战，都需要推进企业合规实务，而本书正好顺应了这一趋势。本书的应用价值在于，虽然对于企业合规目前无论在欧美还是国内都不乏研究者，但他们往往都是根据自己的身份情况做一些如何应对合规制裁的研究，比如很多学者开始从立法层面研究企业合规，检察官则研究刑事合规，律师更多的是指导已经违规的企业根据监管要求做合规，国资委、发展和改革委员会①则从监管者角度要求合规，而从企业自身的角度来探索企业合规实务的研究并不多见。恰好本人就是企业合规的实践者，站在公司的固有特点角度，超脱于不管是国有企业还是民营企业，不管是涉案企业还是未涉案企业，由此研究企业合规实务。特别是2020年以

① 全称是"中华人民共和国国家发展和改革委员会"。

来，最高人民检察院启动涉案违法犯罪依法不捕、不诉、不判处实刑的企业合规监管试点工作，涉案企业刑事合规热度大增，虽然这些企业都聘请了专业律所进行辅导，由于过去没有系统的企业合规实务研究，导致有些企业推进企业合规管理时，更多是根据个人的理解来要求企业严格按照第三方制定的企业合规政策与程序进行实践，往往忽视或确实不理解公司的具体经营情况，导致企业推行合规措施非常困难，而结果也往往是无法得到检察机关的认同。本书正是站在中国传统公司的角度，以一个企业首席合规官的视角，通过深入研究公司合规制度，结合在推进公司合规过程中遇到的各种问题及其解决方案，建构符合中国企业实际需求的企业合规体系。这对于已经被要求建立合规体系的涉案企业的指导作用和未来主动规范自我的合规企业会起到一定的指引作用。本书的目的是希望企业可以直接将本书成果运用到自己企业琐碎的合规工作中而没有违和感。

本书共十二章，第一章到第七章主要是讲一般性企业推进企业合规实务的基本内容，属于应知应会的内容；第八章讲的是被世界银行制裁后的企业如何推进合规实务；第九章是讲有可能存在贸易管制合规情况的企业如何推进合规实务；第十章是讲有可能存在数据合规情况的企业如何推进合规实务；第十一章是讲企业行政合规建设；第十二章是讲有可能存在刑事合规情况的企业如何推进合规实务。

本书的第一章到第八章为本人撰写，全书的策划与统稿由本人完成；第九章和第十二章由陈锡林同志撰写，陈锡林同志有着八年的企业合规工作实践经验，是资深的企业合规工作者；第十章和第十一章由方歆然同学撰写，方歆然同学是武汉大学法学院博士研究生，从 2018 年开始致力于企业合规和行政合规的研究，属于合规研究的后学。本书的出版特别感谢他们的付出！

方拯

3 月 11 日　于和美星城

<<< 目 录 >>>

第一章　企业合规实务概述

　　第一节　企业合规与企业合规风险　　　　　　　　　　　3

　　第二节　推进企业合规的意义和企业合规的主要内容　　　8

　　第三节　企业合规文化建设　　　　　　　　　　　　　　12

第二章　企业合规组织体系的构建

　　第一节　企业构建合规管理组织体系的注意事项　　　　　19

　　第二节　构建企业合规组织体系的具体实践　　　　　　　23

第三章　企业合规管理制度体系的构建

　　第一节　企业合规基本制度　　　　　　　　　　　　　　35

　　第二节　企业合规政策下的员工守则　　　　　　　　　　45

第四章　企业合规实务中的商业伙伴管理问题

　　第一节　商业伙伴的概念及其对于企业合规的意义　　　　59

　　第二节　商业伙伴合规尽职调查的一般程序　　　　　　　60

第三节　合规尽职调查的额外程序　　　　　　　　　71

第四节　合规尽职调查的豁免　　　　　　　　　　73

第五章　反商业贿赂体系的构建

第一节　反商业贿赂的意义及商业贿赂的界定　　　83

第二节　特殊支出管理　　　　　　　　　　　　　91

第三节　业务活动中的反贿赂和反欺诈防范问题　　95

第四节　合同签署后的合规监督　　　　　　　　　105

第五节　具备高风险性的特殊支出合规审查　　　　106

第六章　人事合规与合规培训

第一节　人事合规　　　　　　　　　　　　　　　125

第二节　合规培训　　　　　　　　　　　　　　　130

第七章　合规举报机制与违规调查

第一节　合规举报机制　　　　　　　　　　　　　139

第二节　举报信息的处理和违规调查　　　　　　　147

第八章　中国企业如何应对世界银行的合规制裁

第一节　中国企业应对世界银行合规制裁概述　　　155

第二节　企业在参与世界银行项目投标前的合规风险评估及应对 162

第三节　中国企业被世界银行合规调查与制裁的应对　　169

第九章　出口管制合规管理

第一节　出口管制合规概述　　　　　　　　　　　　　　183

第二节　美国贸易管制政策解读与近期形势分析　　　　184

第三节　贸易合规管理体系与风险管理　　　　　　　　196

第十章　企业数据合规

第一节　数据合规概述　　　　　　　　　　　　　　　203

第二节　数据合规立法动态　　　　　　　　　　　　　206

第三节　企业数据合规的管理　　　　　　　　　　　　211

第十一章　企业行政合规建设

第一节　我国企业行政合规的建设现状　　　　　　　　223

第二节　企业行政合规的重点发展领域　　　　　　　　227

第三节　行政机关对企业合规采取的监管方式　　　　　231

第四节　企业如何配合行政机关在合规管理上的考察与监管　238

第十二章　"合规不起诉"制度下的企业刑事合规建设

第一节　"合规不起诉"制度在我国的起源与发展　　　253

第二节　全面认识检察机关推进企业合规改革的总体司法政策254

第三节　合规改革试点下企业如何配合考察与监管　　　272

参考文献　　　　　　　　　　　　　　　　　　　　　285

第一章

企业合规实务概述

第一节　企业合规与企业合规风险

一、企业合规的内涵与外延

"合规"一词属于舶来词，英文是 compliance。就企业合规而言，学界有广义的企业合规与狭义的企业合规之分。通常来讲，广义的企业合规是指企业应当遵守各种法律和监管规定，其范围既包括国内法与商业伦理规则，也涵盖公司业务所能触及的其他国家或国际性组织的法律或规则。具体包括政治合规、行政合规、数据合规、反贿赂、反垄断、反诈反贪、贸易管制、出口管制等十多个领域，还包括行业准则、规则及企业章程、合规制度办法等。

狭义的企业合规主要指企业强化全面合规经营、反诈反贪、反贿赂。特别是作为跨国企业的合规，笔者理解至少应包含以下 4 个层面。

（1）从国际层面遵守国际组织的相关条约和监管规定。比如 1997 年经济合作与发展组织（OECD）出台的《国际商务交易活动反对行贿外国公职人员公约》，2003 年联合国出台的《联合国反腐败公约》，2005 年巴塞尔银行监管委员会出台的《合规与银行内部合规部门》，2010 年世界银行发布的《诚信合规指南》等。由于美国的长臂管辖，经常会发生不在美国境内且没有与美国企业发生直接往来的企业也有可能被美国制裁的情况，通常笔者会把美国制定的《反海外腐败法》置于国际层面来理解。

（2）从本国层面需要遵守跨国企业总部所在的国家的与企业合规有关的法律法规及部门的规章规定。

（3）从东道国层面需要遵守资金投向所在国或生产经营所在国与企业合规有关的法律法规及部门的规章规定。

（4）遵守企业内部规章包括企业价值观、商业行为准则、职业操守准则等。对中国企业来说，需要重点关注的合规领域主要是反腐合规、贸易出口管制的合规、互联网企业的数据合规，以及国资监管要求的合规和基于涉案企业合规不起诉的刑事合规。

除了遵守投资所在国的法律，涉外企业还要遵守相关国际公约，因此此类企业合规属于国际经济法的范畴。目前，用合规来治理企业的国际组织中的典范是世界银行和四大区域银行。例如，世界银行和美洲开发银行、欧洲复兴开发银行、亚洲开发银行、非洲开发银行签署的联合制裁协议，一家企业只要在其中任一银行被施加剥夺资格一年以上的处罚，就会带来五家银行交叉制裁的后果。

二、中国企业合规风险的概念及特征

根据上述企业合规概念，可以看出合规运行的企业行稳致远，不合规的企业则可能面临合规风险。合规风险同样也可分为广义的合规风险与狭义的合规风险。广义的企业合规风险，是指企业在经营过程中没有遵守外部的法律法规、规章制度或相应的职业操守和道德规范时，就可能面临相应的法律制裁或监管惩罚，从而给企业带来财产损失和企业声誉受损的风险。狭义的企业合规风险，主要是指企业在经营过程中可能因为商业贿赂遭受法律制裁或监管惩罚，从而给企业带来财产损失和企业声誉受损的风险，严重的还会给企业或企业管理者带来刑事风险。

无论广义的企业合规风险还是狭义的企业合规风险，企业一旦出现违规问题，就可能遭受法律法规的惩处，导致财产损失和声誉受损。这会对国际化经营的企业，尤其是对整个中国企业群体的国际形象产生负面影响。因此，企业在经营过程中，不管是国际化经营还是本土化经营，都需要对合规风险予以高度重视，对合规经营保持敬畏之心。

大体来说，中国企业的合规风险有以下两大特征。

1. 国际承包工程、国际贸易、高科技电信企业是合规风险的高发领域

国际承包工程、国际贸易、高科技电信企业历来是合规风险的高发领域。

目前，我国企业参与国际承包工程项目主要集中在亚非地区，而这些地区多为发展中国家，合规的大环境有待改善。加之这些国家的不少建设项目是由世界银行、亚洲发展银行等多边发展银行提供融资支持，参与企业如果存在腐败、欺诈、串通、强迫、阻碍调查等违规行为则会受到其单方或联合制裁。目前，我国企业的合规体系建设总体而言尚处于起步阶段，因此面临较大的合规风险。2009 年以来，不断有中国企业被世界银行列入黑名单，在制裁期间无法投标或参与世界银行乃至其他多边金融机构出资的项目。企业不仅因此丧失了商业机会，还将面临经济和商誉的双重损失。

此外，东道国的对外贸易、海关、港口、税务、劳工、环境、社会保障等方面的法律法规与国内不同，每个国家之间也都各有差异，且有些国家是宗教国家，如果不慎触犯或没有妥善处理宗教问题，都容易引发合规的问题。

2. 企业合规风险问题频发倒逼各大主权国家和国际金融组织加强合规监管

合规问题频发、合规风险加剧体现了合规治理面临的严峻形势。因此，为了遏制跨国腐败现象，英国、法国和美国等各大主权国家及许多国际或区域性组织纷纷出台了法律制度，制定了公约或法规；为了治理采购或资助项目出现腐败问题，世界银行、亚洲开发银行和欧洲复兴开发银行等国际金融机构也相继建立了相应的合规体系与规则，特别是美国的《反海外腐败法》(Foreign Corrupt Practices Act，FCPA)、出口管制政策，以及美国司法部、证监会及其他执法机构严格的执法力度。

FCPA 的域外管辖权极其广泛，按照美国执法部门的诠释，不仅适用于美国公司、美国个人（包括为外国公司在海外工作的美国个人），还适用于几乎只要与美国有生意往来的个人或企业。而受美国出口管制政策规制的出口行为，包括任何涉及跨境、从事美国出口的行为，无论该出口是不是临时性的，或商品是否被实际销售，或商品仅仅用于科学研究调查，或商品本身就生产于进口国，均在其管制范围之内。因此，对经营美国商品的中国企业而言，许可使用美国技术或软件的中国企业，雇用美国员工的中国企业，以及在美国有业务的企业，都要对其中潜在的风险加以考虑。与此同时，美国司法部、证监会及其他执法机构近年来加大了执法力度，不仅对公司采取重罚措施，也进一步加强了对涉案个人提起刑事诉讼的力度。

随着我国国有企业国际化步伐的加快，"走出去"的国有企业数量及国有企业开展的海外业务数量都越来越多。但是，由于东道国本身的经营环境，企业对东道国的法律法规、业务规则及国际合规监管环境把握不到位，以及企业自身的合规管理水平、企业国际竞争力和抗风险能力不高等问题，国有企业被多边发展银行和东道国政府惩罚的情况确实存在。与此同时，以美国为代表的西方国家在反海外腐败、反商业贿赂及合规方面的监管规定，也是中国跨国企业需要重点关注的、容易爆发合规风险的领域。

三、中国企业合规风险产生的原因分析

近年来，中国企业不断"走出去"，开拓国际市场、发展海外业务，但不少企业开展业务的国家是转型中的发展中国家，其法治环境和政府清廉度相对不均衡，一旦出现合规风险事件，往往不仅对项目，还会对所涉企业乃至双边关系都产生不良影响。另外，部分中国企业对企业自身的合规建设不够重视，对包括世界银行在内的多边开发银行等国际合规体系不熟悉，导致在境内、境外开展的多边开发银行项目中出现员工的不当行为或合规事件，产生合规风险。

1.一些欠发达国家和地区的经营环境欠佳，法律制度不健全

总体来看，这些国家的经济社会发展水平不高，且法律制度不健全，存在比较严重的腐败现象。赴这些国家进行投资或开展经营很容易遇到被当地官员索贿等腐败行为，有的企业为了获得业务机会甚至会主动进行商业贿赂，这也

给企业的海外持续经营带来很大的合规隐患。

2.企业自身管控不足，不能充分识别和应对其中的风险

合理有效的企业内部合规管控措施，可以预知企业潜在的合规风险，提前规划，周密布置，从而避免产生不利影响或损失。对一些跨国企业来说，由于体制机制、管理模式和企业结构存在诸多弊端，不少企业尚未完全建立现代企业制度，没有建立规范化的管理秩序和工作规则，执行效率也不高。究其原因，主要有：一是风险管理意识不强，风险管理的定位不明确，没有正确处理风险管理与企业战略和企业经营的关系；二是风险管理未完全融入企业的内控体系和价值链，不能充分有效地识别、评估和应对其中的风险；三是缺乏有效的监督手段，内部审计独立性不够，无法充分发挥对企业管理和业务运行进行独立有效的监督作用。

3.企业管理层和员工自身道德和素质因素风险

现代国有企业管理要求资产的所有者和经营者分离，企业的资产从所有者手中委托到经营者手中时，一些管理者产生了道德风险问题。只有把合规风险防范机制构建好，把权力的扩张装到内部控制这个笼子里，才能有效控制风险；否则权力越大，管理者的道德风险就越大。此外，虽然国有企业法人治理结构的改革和混合所有制取得了重大进展，但是"内部人控制"现象并未完全消失，个别企业还存在公司董事、监事、财务总监和内部审计部门在企业内部产生或国资系统中循环产生，董事会成员同时也是企业高层管理成员的现象。在企业获得薪酬和福利，客观上使这些机构和人与所在企业形成利益关系，其独立性和客观性往往受到影响。

对企业普通员工来说，专业素质高、风险意识强的员工，不仅可以给企业带来更高的业务效益，也可以在处理工作任务时减少失误，避免因发生违规行为而给企业造成成本、业务等方面的损失和不利影响。相反，如果企业员工风险意识淡薄、责任意识不强或私欲膨胀，稍有不慎便容易发生不合规的行为。

第二节　推进企业合规的意义和企业合规的主要内容

一、企业推进合规的意义

　　自 1999 年起，世界银行集团对在参与其资助的项目中违反《制裁规定》的企业和个人给予制裁。迄今为止，在全球范围内被制裁的企业已超过 1000 家，2001 年在美国发生的"安然虚假报表事件"，使美国以效益为导向的公司治理结构受到质疑，合规要求开始成为美国公司治理中的核心制度，而于 2002 年通过的《萨班斯—奥克斯利法案》，更是把遵守合规作为公司的法定义务提了出来。2011 年在日本爆发的"奥林巴斯事件"和"大王制纸事件"，成为把合规义务引入企业治理结构的导火索。韩国于 1999 年和 2014 年分别爆发的"大宇集团虚假报表事件"和"东洋国际虚假报表事件"，导致韩国要求在金融法中引入"合规监查人"制度。2008 年美国司法部与德国西门子公司就反贿赂问题达成刑事和解协议，说明在海外反腐败问题上，美国的"长臂管辖"理论上可以影响世界上任何一个国家的企业。强调公司遵守合规义务，已成为全球性课题，也是公司治理结构设计从内部转至外部的体现。在经济全球化时代，企业为了维持稳定的可持续经营，必须高度重视合规制度建设，因为公司的合规行为不仅关系到企业境外资产的安全和运营的稳健，还关系到国家安全和国家形象的国际影响，因此推进符合中国国情和国际经济社会发展趋势的公司合规实务迫在眉睫。

二、企业推进合规的优势

　　企业合规经营的动力来源，更多的是外部的压力和要求，但是从客观效果来看，企业主动推进企业合规具有以下 5 个显著优势。

　　（1）相对于国资委、检察院或其他外部监督机构，企业更了解自身业务特征，因而更便于及时规避并预防风险。

（2）企业主动推进企业合规实务除了可以预防合规风险，减少犯罪，还可以节约国家司法资源。

（3）企业合规对合作伙伴企业的尽职调查可以推动其他企业合规经营，从而在更大范围内促进企业对合规文化的理解和认同。

（4）企业从全球化角度构建企业合规管理体系，其吸收外国法律或国际组织规则的内容，有利于达成国际化的营商环境建设目标。

（5）企业合规本身可以正向提升品牌价值、反向降低合规风险，从而更利于创造良好的营商环境。

鉴于此，通过构建企业合规管理体系提升企业形象，推进企业合规，对于营商环境建设具有重要意义。

三、企业构建合规管理体系的主要内容

构建科学合理的诚信合规管理体系是能否有效推进诚信合规工作的关键，健全且能有效运行的企业诚信合规管理体系是推进全面合规体系建设的重要保障，也是后期诚信合规体系顺利落地的必要前提。

1. 构建完善的合规管理架构的重要意义

首先，企业在诚信合规体系建设中的重要工作内容就是搭建完善的诚信合规管理架构，协调管理职能和资源配置，强化诚信合规职责及其组织领导。只有在企业的部门、角色、职能、定位等方面满足诚信合规工作要求，部门间汇报路径与协作机制顺畅的前提下，企业的诚信合规工作才能顺利开展。开展合规工作的第一要务是建立完善的合规管理组织体系，一定要自上而下地建立起贯穿企业全部机构、人员、流程的管理组织架构。企业全部机构和全体成员都或多或少地承担着合规职责。只有构建起科学的组织架构，才能明确不同层级部门的管理职责和汇报路径，确保企业合规管理体系的高效运行。

其次，顺利开展合规工作的必要保障是搭建完善的合规管理架构。合规管理作为企业的重要内控机制，必然涉及不同部门的协同运作。只有建立完善的合规管理组织架构，才能使合规、风控、审计、法务、业务等部门充分发挥优势，形成管理合力，将合规管理各项工作落实到位。

最后，完善的合规管理架构更是建立长效合规机制的内在需要。企业的全面合规体系建设并非一蹴而就，而是需要在相当长的一段时期内不断地进行巩固和完善。这样一个体系的建立，需要以合规理念的树立、合规机构的设置、合规角色和责任的明确为基础和依托，从而保障合规管理工作的稳步推进并长期保持，以及业务经营实现稳健运行。

识别和管控合规风险的行为，是在企业现有的管理活动和体系之上进行的。合规管理能否有效推进，仅凭管理制度建设显然是不够的。有效的合规需要由企业专门的组织体系来支撑，也就是说有独立、专门的合规管理组织体系予以合规管理。

2. 搭建企业合规管理体系的注意事项

搭建好企业合规管理体系，从实务角度至少需要着重考虑以下 4 个方面的内容。

（1）企业合规的关键是构建完善的企业合规组织体系，树立合规理念并通过高层践行。合规管理是组织行为，首先是离不开人的，即负责合规管理的所有人员。大体来说，有效的合规管理组织至少要包括专门的机构，即合规委员会、首席合规官、合规部或合规办公室、合规专员、合规联络员等，在组织体系下通过合规政策与程序把他们联结起来。

（2）企业合规的基础是制定好企业合规管理制度体系。合规制度体系包括合规政策与程序、企业合规管理办法、合规管理工作流程、合规工作方案、合规背景下员工守则等。把合规管理框架搭建成型，需要逐步完成企业现行的各种"规"的清理汇编，编好"企业合规手册"，构建不同形式、不同层次的合规体系文件，审核评价政策、程序和操作指南的适当性，编制基于岗位、流程的"合规手册"或"岗位尽职标准书"等。企业这样做的目的是为合规管理的有效性与常态化提供保障，基本设立以条线报告为主的合规风险报告路线，履行业务合规性审查职能，逐步建立完善合规风险管理基本制度。在这里，合规管理规定是确定合规管理的原则、合规职责及合规管理流程等基本问题的企业内部制度，是符合每一家企业自身特点的诚信合规政策与程序。

（3）企业合规的核心是构建好企业合规文化体系。合规管理是一场心灵的变革，是对企业长期以来把盈利作为目的的反向操作，意味着要放弃不合规的盈利模式，是一项需要全员参与、长期坚持的事业。一般来说，合规管理体系的文化体系包括企业高层对合规的认同，企业对全员合规理念的宣传引导、企业制定合适的合规培训与教育制度、企业日常对合规文化的培育等。因此，培育有效的合规文化体系是企业合规管理的灵魂。

（4）企业合规的保障是将企业合规管理制度、管理办法、管理流程与企业已有的管理体系深度融合。企业需要对已有的有关招投标程序、人事招聘和管理、捐赠和赞助、公务招待等多项制度进行修订，需要形成比较全面、符合企业发展实际的合规制度体系。与此同时，也需要融合企业已有的涉及法律法规、合规、监督等职能的各个业务部门（包括法律事务、内控、审计、纪委监察，进而是股东会、董事会、经理层等公司治理机构）的管理体制。

3. 合规治理与财务治理和经营治理的关系

在企业合规管理制度、管理办法、管理流程出台后，对于如何融合已有管理制度，需要智慧，而涉及部门权力的分配，还需要勇气，所以这也是合规实务中的一大难点。合规治理是独立于财务治理、经营治理的又一套治理结构，对此可以从两个方面理解。

（1）合规治理与财务治理和经营治理相互独立，绝不能相互合并，不存在谁领导谁，更不能将合规与财务审计相提并论，而要保持合规治理的相对独立性。最重要的是合规治理、财务治理和经营治理之间存在利益冲突，所以有些企业由总会计师兼任首席合规官，还有些国有企业由纪委书记或管经营的副总兼任首席合规官，都是不合适的，这样做就使合规治理失去了独立性。如有兼职的首席合规官，则至少需要在发生角色冲突时有相应的制度安排。

（2）有效的企业合规治理体系必然对经营活动和财务管理活动具有监督控制的权力。首先，合规机构对所有经营业务不合规行为具有一票否决权。比如，某建筑企业海外公司现在的海外经营业务最后都由首席合规官审查，只要首席合规官不同意，交易就不能进行，无论发展客户有多么困难，一旦存在违规风险就必须拒绝交易。其次，合规审计优先于财务审计。企业内部有财务审计部门，这是财务治理的一部分，而合规部门从外部引入专家对审计部门再审计被称为"合规审计"，所以合规机构中也需要审计人员的加入，或者从外部聘请审计团队，对公司财务治理状况进行以防范合规风险为目的的审计。因为不同部门有不同的目标及职责，当然要归属不同的管理体系，而重合的目标或交叉的职责，也会导致管理体系部分重合与交叉。但合规管理，是企业的底线管理，必须优先实施。

第三节　企业合规文化建设

一、企业推进合规文化面临的困难

企业构建合规文化的初衷是在企业确立合规理念、倡导合规风气、加强合规管理、营造合规氛围。但在一个一直以追求效益最大化为目的的传统企业推行合规体系，往往困难重重，主要表现在以下 4 个方面。

1. 面临传统文化、处事习惯、人治因素与合规文化的冲突

传统文化讲究人情和礼尚往来，比如有些企业的合规政策规定礼品不能超过 200 元，这让企业高管很不适应，大呼没面子；一些企业处事习惯上讲究变通，同时存在人治因素，容易使人们崇拜权力而不遵守规则。传统文化、处事习惯、人治因素均容易导致潜规则，而潜规则是合规的天敌。潜规则的存在给中国企业建设合规文化带来巨大挑战。

2. 对合规管理的认知度有待进一步提高

虽然政府主管部门近年在大力推行企业合规建设，但合规管理在我国企业中的认知度有待进一步提高。尤其有一些企业作为合同乙方，经常会遇到甲方不愿意配合的情况，在向商业伙伴推广合规政策时虽然付出了大量时间和努力，但效果不佳。

3. 一些大型企业下属机构众多，增加了管理和实施难度

一些企业下属单位或项目公司众多，遍布全国各地和海外地区，员工文化水平和层次参差不齐，这在一定程度上增加了合规管理和实施的难度。

4. 企业员工对合规工作认识不足

刚开始推行合规文化时，企业中部分员工往往认为合规就是为了做给监管部门看的，所以在推行合规工作时大做表面文章，有令不行，有禁不止。在执行合规工作时，以信任代替管理，以习惯代替制度，以情面代替纪律，以业绩代替一切，认为合规是首席合规官与法律合规部的事，就是一次活动或临时项目，甚至认为合规抑制创新，不利于企业经营，种种错误认识不一而足。

目前，推行企业合规文化存在以下 8 个问题：一是粗放型，大而化之、粗枝大叶；二是递减型，执行起来层层折扣、处处缩水；三是应付型，不推不动、不查不紧；四是选择型，有利则从、不利不行；五是变通型，上有政策、下有对策；六是花哨型，形式主义、表面文章；七是抵触型，有令不行、有禁

不止；八是对抗型，明知故犯、顶风作案。具体到日常合规工作，往往重业务指标，轻内控管理；重讨好客户，轻了解客户；重短期静态，轻长期动态；重业绩加码，轻行为导向；重正向激励，轻反向惩戒；等等。这些现象都是推进合规文化的大敌。

二、企业合规文化构建的工作方向

我们可以从以下 3 个方面着手构建企业合规文化。

1. 构建好企业合规文化体系

企业可以通过培训树立合规理念，通过制度强化合规管理，通过奖惩倡导合规风气，通过演讲、诚信墙、自媒体等营造合规氛围，以建立企业的合规文化。企业应视诚信合规为立身之本、发展之基，将以人为本融入企业合规文化建设，建立以岗位合规为核心的企业合规文化体系，确立"创新、诚信、合规、和谐"的核心价值观，把诚信合规文化落实到生产经营中，将诚信合规理念真正转化为企业管理标准和员工行为准则，完善科学决策、制度执行、民主监督、风险管理机制，确保企业行为依法依规，诚信运营，增强企业的凝聚力和向心力。

2. 高层人员要率先垂范

合规工作首先是一把手工程，合规要从高层做起；合规必须是全程合规，决不能走过场，要把立规与知规，接受与参与有机结合起来。可以说，企业董事长、总经理对合规文化的理解，决定了整个企业对合规管理的态度。例如，在企业内部刊物刊登董事长、总经理署名的谈论合规的文章，借此营造良好的诚信建设氛围，着力提升企业文化软实力。只要高层管理者的合规意识健全了，能以身作则履行合规职责，就会起到强大的示范和引领效应，进而带动员工，促使企业形成良好的合规风气；只有董事长、总经理重视合规管理，才能让合规人员的意见在重大决策中真正发挥合规审查的作用。所以，高层的合规管理意识是合规文化建设的决定性因素，影响整体的合规文化构建。

3. 加强培训、强化宣传

在培训和宣传方面，企业具体可采取的措施包括：营造浓厚的合规文化氛围，逢会必讲、定期汇报工作动态；印制合规体系宣传册，以便向商业伙伴和员工进行宣传；根据不同工作岗位职责设置不同的培训内容，进行有针对性的培训；总部亲自开展对下属单位、项目部的培训或提供全程指导，解释、解释、再解释，让商业伙伴从不理解尽职调查到逐渐接受，个案豁免申请率大幅降低。

应该说，一家企业，只有在参与国际经济和贸易合作的过程中，遵守和适应国际通行的规则和秩序，形成国际化的管理理念、工作原则、价值观和企业文化，遵守合规原则、树立契约精神、实践契约精神，才能走得稳、走得远。对一家有责任和担当的企业来说，构建企业合规文化应当被视为应尽义务。一家好的合规企业，要推进合规文化建设需要持续改进企业合规体系建设，努力适应国际市场规则，提升制度环境变化的适应能力。我们需要将合规变为工作习惯，需要将合规打造成中国企业走向国际舞台的工作语言。

第二章

企业合规组织体系的构建

●
●
●

第一节　企业构建合规管理组织体系的注意事项

要想有效推进企业合规体系建设，首先是高层重视，其次要有人才，最后是要有组织。所以，合规实务的运行离不开合规管理组织体系的构建，也就是需要解决哪些人可以与合规运行产生关系，即负责合规管理的所有人员。

构建好企业合规组织体系的核心是解决合规管理工作在公司治理结构中的分工与配合问题，其根本目的是保证决策层能够准确了解企业的合规情况，保证首席合规官和合规部门及时发现企业内部的合规风险和违规现象并予以纠正，保障企业价值观、目标、战略的顺利实现。一般而言，企业内部设立合规管理机构应注意以下几个问题。

一、厘清企业合规管理的本质要求

厘清企业合规管理的本质要求，就是要把企业合规管理与企业的内部控制、企业的法律事务管理、国有企业的纪检监察及其他业务部门严格区分开来，合规管理与内部控制的共同点是具有促进企业合法经营、提高经营效率的作用，不同点在于内部控制更倾向于对企业经济利益的保护，重视对财务经营类风险的控制，侧重企业内部的治理。企业合规管理的内容并不限于企业内部规章，不同性质的企业需要把握不同的合规内容。

企业合规管理与企业法务管理的职能内容有交集，相同点是都有需要依法的要求，不同点在于，从法务管理部门的功能来看，企业法务管理对企业经营起到的是支撑保障作用，需要参与企业日常合同交易过程，当发生纠纷时对外诉讼仲裁，维护企业的合法权益，对外起到保护者的作用；而合规管理需要合规管理部门扮演教育者、监督者的角色，就像牧羊犬一样，对企业内部各部门及对企业的合作伙伴是否遵循合规规则的行为和效果进行评估、监督等。此外，法务管理活动预防的风险主要是企业日常经营中方方面面的潜在法律风险；

合规管理活动预防的风险主要是违规行为的风险，但是外延更广，除了法律，还有道德、习惯，以及企业自身的企业合规政策与程序等。

企业合规管理与企业纪检监察的共同点在于对违纪或违规的员工都会予以处理和调查，违纪的人可能也违规了，违规的人可能也违纪了；不同点在于，从对象上看，纪委的监督对象是党员，主要是对党员干部行使权力进行监督，检查和处理党的组织和干部违反党纪的案件，受理党员的控告和申诉等。

企业其他业务部门是其本部门合规管理工作的责任主体，负责日常工作，履行"第一道防线"职责，具体包括以下各项。

（1）按照合规要求完善本部门业务管理制度和流程，制定本部门合规管理指引及有关清单。

（2）开展本部门合规风险识别和隐患排查，及时发布合规预警。

（3）对本部门内制度、文件、合同及经营管理行为等进行合法合规性审查。

（4）及时向合规管理牵头部门通报风险事项，组织或配合开展合规风险事件应对处置。

（5）做好本部门合规培训和商业伙伴合规调查等工作。

（6）组织或配合进行本部门合规评估、违规问题调查并及时整改。

（7）向合规管理部门报送本部门合规管理年度计划、工作总结。

二、确保合规组织的独立性

合规组织的灵魂是独立性，需要解决企业各方面的利益冲突问题。作为企业中经常要说"不"的人，合规委员会或首席合规官对需要承担相应合规责任的部门或个人依职权进行监督和评价，势必会得罪相关人员。因此，保障首席合规官在此过程中监督权力的行使尤为重要。正如美国律师协会合规指南起草人保罗·麦格雷尔（Paul McGreal）所称："合规官通常在组织中处于弱势地位，因为合规官的职责往往是防止和发现法律不当行为。当合规官发现高级管理层的不当行为时，这可能会使合规官成为被报复的对象。"[1] 要解决好这个问题，需要董事会经理层承担一定的合规责任，但是首席合规官不能成为企业内部董事会、监事会及经理部门中的某一环，必须有其独立划分的职责和权利。

　　企业以追求效益为目的，往往重业务指标而轻内控管理，重讨好客户而轻了解客户，重短期静态而轻长期动态，重业绩加码而轻行为导向，重正向激励而轻反向惩戒。解决利益冲突的核心标准是合规管理机构的"独立"。独立的合规管理机构首先体现在汇报路径的独立。合规管理机构的汇报条线通常是垂直的，即下级合规管理机构向上级合规管理机构负责，合规管理机构向合规委员会负责，合规委员会则直接向董事会负责，相关汇报垂直上报，不受其他部门的辖制。独立的管理机构还应具备充足的权力。从政策制定、流程执行到合规调查、执纪问责及整改，其本质都是"管人""管事"，没有足够的权威根本无法开展合规工作。因此，合规机构需要有充足的权力和较高的地位，使其能够影响企业内部管理，顺利完成内部调查任务，有效推进整改。合规管理机构还应配备或能够调动充足的资源，包括人员、经费、设备等硬件条件，保证其不会因此受制于其他部门或者工作无法保质保量完成。如果合规机构有兼职情况，就必须设置相应机制以解决利益冲突问题。

　　如果合规体系不具有足够的独立性、权威性，没有资源保障，其他部门可以随意干涉其工作，就会被认为是无效合规，进而遭受处罚。由此可见，仅有一个组织架构是远远不够的。

三、合规管理人才培养是关键

　　合规虽然热度很高，但是合规人才系统的培养却没有跟上，导致合规人才远远不足。合规人才是复合型人才，首先要懂法律，主要原因如下：一是合

---

[1]　Paul E. McGreal. Corporate Compliance Survey［J］. Business Lawyer，Vol. 71，Winter 2015–2016.

规的主要义务来源就是法律、法规和行业规范要求，只有合规部门具备专业的法律能力才能准确把握法律法规要求并正确执行；二是企业的合规制度体系建设也需要具有较强的法律性。企业的合规制度搭建相当于企业的内部立规，需要将外部制度要求内化为企业制度。因此，负责合规管理的人员只有具有一定的法律背景，才能写好法言法语的合规制度。同时，合规调查具有极强的法律性，特别是内部调查，其涉及调查行为的合法性、证据收集的合法性，以及与后续民事、刑事、劳动争议解决程序的衔接和配合，这些都是对法律专业要求极高的事项。其次，负责合规管理的人员还需要了解审计、财务、经营，更要了解合规工作的自身逻辑。合规的专业性主要体现在对合规知识的全面掌握上。因此，企业合规人才不仅要懂法律，更要懂合规。

四、企业构建合规组织体系需要结合自身特点

合规组织架构的搭建要与企业的实际需求成比例，过于繁杂则会导致额外的经营成本，过于简单则可能无法防控风险。企业的合规管理架构首先要与企业的经营模式相一致。比如，全球化运营的企业，特别是业务可能涉及国际制裁及贸易出口管制的企业，应当考虑设置专门的制裁清单审查岗位；中央企业和地方国有企业则可以依照国资委的相关指引搭建合规体系；考虑加入国际行业组织的企业，则要尊重国际通行的要求。另外，企业的合规管理机构还要与其风险防控需求相适应。规模较大、合规风险较为复杂的企业，需要在决策层、管理层、执行层搭建完善的合规管理体系，同时要考虑在重点部门设立专职合规联络人员；而规模较小、合规风险较低的企业，则可以考虑由法务、审计、风控等相关部门履行合规管理职责。

第二节　构建企业合规组织体系的具体实践

一、企业合规组织体系的顶层设计

1. 企业合规组织体系设计的核心制度

一个完善的合规组织体系，首先要从公司章程中体现合规组织内容，需要在章程中明确要求董事会、经理层在合规工作中分别扮演的角色。董事会是股东会的执行机关，对股东负有受信义务。受信义务可以分为忠实义务和注意义务，前者是指董事要以股东利益最大化为行动出发点，努力避免利益冲突；后者主要指董事要审慎经营并进行良好的商业判断。落实到合规方面，董事的受信义务意味着其应当尽最大努力确保企业以合法、合规的方式运营。这也是董事会在合规管理中的责任来源。另外，合规管理的重要条件是最高层的重视，英文通常表述为"Tone from the top"（最高层的声音）。如果缺乏最高层的明确指引，那么企业和员工就会缺乏对合规的正确认识。

董事会与经理层必须了解合规体系内容，监督整个合规体系的建设和运行；为合规管理人员建设运行合规体系提供指导、资源与支持；确保合规体系得到定期检查、评估，及时发现问题并采取补救措施。此外，董事个人必须遵守企业各项合规要求，一旦违反，就要受到相应处罚。总经理等高级管理人员负责确保不同岗位的人员要按照既定职责执行合规体系。本企业的合规存在两项核心制度，即《企业合规政策与程序》[①]和《企业合规管理办法》，其中分别规定企业高管、管理人员和普通员工的合规职责，而企业合规委员会应当对合规体系进行定期和独立审查，并提出改进建议。在两项核心制度中，企业应明确首席合规官负责合规体系的日常监督管理，直接向企业董事会和总经理汇报工作。为确保首席合规官充分履职，两项制度中应要求赋予其充分的自治、资源和权

---

① 以下简称《合规政策》。

限。另外，两项核心制度中还应强调企业要发动全体员工参与合规体系建设，并遵守合规体系中的各项合规要求。

2.企业合规组织体系的层级设计

本企业的两项合规核心制度，可以把企业的合规管理部门分成3个层级，即决策层、管理层、执行层。其中，决策层主要包括企业董事会、监事会、合规委员会；管理层主要包括总经理、首席合规官；执行层包括合规管理部门和企业业务部门。3个层级在企业合规管理体系的建立和有效实施中都扮演着重要角色，应当着力推进合规文化的建立，充分了解企业合规管理体系的内容和运行方式，也都应该以自己的言行明确支持合规、践行合规。同时，各层级由于定位不同，在合规体系中发挥作用的方式也有所不同。

（1）企业的决策层主要包括企业的董事会、监事会，以及董事会中设立的合规委员会。作为企业合规管理体系的最高负责机构，决策层应以保证企业合规经营为目的，通过原则性顶层设计解决合规管理工作中的权力配置问题，并进行重大事项决策。

具体来说，董事会应充分发挥定战略、做决策、防风险职能，履行以下合规管理职责：①审议批准企业合规管理基本制度和体系建设方案；②研究决定合规管理重大事项，审议批准合规管理年度报告；③根据有关规定和程序，决定聘任或解聘首席合规官；④决定合规管理牵头部门的设置和职能；⑤按照权限决定有关违规人员的处理事项；⑥法律法规、公司章程等规定的其他合规管理职责。

（2）企业的管理层通常包括企业首席执行官、首席财务官、首席运营官、首席合规官等。其中，合规负责人可以为首席合规官，或者由总法律顾问兼任。根据企业对合规工作的重视程度，企业可以任命最高管理层中的一员为合规管理部门的总负责人。管理层应配备充足的人、财、物，用来建立合规管理体系，制定合规制度，实施合规方案，评价合规行为，维护和改进合规政策。

具体来说，管理层切实履行谋经营、抓落实、强管理职能，履行以下 8 项合规管理职责：①拟订合规管理体系建设方案，经董事会批准后组织实施；②拟订合规管理基本制度，批准合规管理具体制度、年度计划等；③制定合规管理工作流程，确保合规要求融入业务部门；④及时制止并纠正不合规的经营管理行为，按照权限对违规人员进行责任追究或提出处理建议；⑤对重大合规风险及时采取应对措施；⑥指导、监督和评价各部门、各子企业合规管理工作；⑦提名首席合规官人选；⑧法律法规、公司章程等规定的其他合规管理职责。

（3）企业的执行层包括合规管理部门和各业务部门。这些部门应及时识别归口管理部门的合规要求，改进合规管理措施，执行合规管理制度和程序，收集合规风险信息，落实相关工作要求。

3. 我国企业合规组织体系建设存在的问题

由于起步较晚，我国各类企业在合规组织体系建设上相对薄弱，在参与国际市场竞争后，暴露了一些合规管理方面的问题，主要体现在以下 3 个方面：一是合规意识淡薄，合规文化缺失；二是合规机构缺失，合规人才匮乏；三是合规激励欠缺，违规处罚乏力。

除了一些大型中央企业、国有企业和少数民营企业，在合规方面独立设置管理机构的企业并不多见，制度设计上对于合规的独立性并没有予以充分重视，导致合规部门起到的监督作用也大打折扣。

在考核机制上，一些企业往往应付检查居多，普遍存在"高举低放"的问题，缺乏合规经营的激励机制，对于违规处罚的力度则明显不足。对相关责任人的处理很少，追责问责力度不足，导致企业合规工作机制不顺畅，甚至给企业带来严重的经济损失和信誉损失。

二、企业合规委员会的设置

做好合规组织体系的顶层设计后，设置企业合规委员会就变得非常重要，权威、高效的合规委员会是企业合规组织有效开展工作的关键。企业需要根据《合规政策》，结合本企业的运行机制、管理模式与发展需要，在依托现有组织和人事机构的基础上，应自上而下地建立诚信合规组织体系。概括来看，合规治理结构应至少分为 3 个层级，即合规委员会、首席合规官 / 合规负责人、合规部门。

合规委员会应设在董事会之下，具有高度的权威性和独立性，董事长和总经理都可以成为委员会成员，但从独立性角度考量，合规委员会主席最好由独立董事或外部董事担任，不参与企业经营和管理；诚信合规委员会（合规委员会）可以按照最终《合规政策》的名称和每个公司的习惯命名。合规委员会面向的是企业所有的合规实务，是企业合规的最高机构。因此，合规委员会作为企业的合规工作决策层，对于发出合规的"正确声音"尤为重要。

在国际实践中，合规委员会通常设立在董事会中，由具备法律、财务、人事管理背景的董事组成。在不设董事会的企业中，合规委员会也可以由执行董事牵头或公司总经理牵头，并由法律、审计、人事管理、经营管理等方面的最高管理层人员组成。无论何种形式，其性质都是企业合规管理体系的最高负责机构，负责企业合规管理的总体部署、体系建设及组织实施。

合规委员会作为企业合规的决策层，应当对企业合规管理体系的建设和运行负最终责任。合规委员会应当充分了解企业合规体系的设立和运行，并对合规体系进行有效监控。在有效的合规体系中，合规委员会应发挥以下作用。

（1）充分掌握企业的合规风险。了解风险是防范、化解风险的前提。合规委员会负责对合规体系的重要制度进行审批、修订，如重大合规制度、风险管理措施、合规委员会的权责等。

（2）领导、支持首席合规官。首席合规官需要从合规委员会获得充分的授权，以便有效开展工作。同时，合规委员会要处理首席合规官自身的合规问题及受理对首席合规官处理不服的申诉，还要赋予首席合规官就企业合规问题直接向决策层进行汇报的路径。

（3）对企业合规体系进行反馈。决策层应当对企业合规体系的有效性进行评估，对企业发现重大合规风险时的反应能力进行评估，对首席合规官的合规汇报进行反馈。

（4）对管理层的合规管理工作进行监督和问责。管理层对合规管理的有效性承担直接责任，其管理效果必须与决策层的预期相一致。

1. 合规委员会的组成

企业的合规委员会一般由 3 ~ 7 人组成，要求为单数，要特别注明为了解决利益冲突问题，首席合规官或合规专员不能成为合规委员会委员。

合规委员会的组成人员应有企业内较高级别的管理者，通常包括董事长、总经理、董事、纪委书记、总法律顾问等。

2. 合规委员会的基本任务

合规委员会的基本任务包括以下 4 项。

（1）确保企业的内部制度和合规体系能够准确、有效地反映与企业经营相关的法律、法规要求，并能够对相关的合规风险形成有效管控。企业的相关合规风险通常涉及劳动用工、商业贿赂与腐败、数据保护、环境保护、安全生产等。

（2）管控企业的合规管理部门的组织架构、工作计划、财务预算、人员配置和权责履行情况，以及其独立性、权威性、汇报路径。

（3）审查企业合规官的任命、替换、解雇；审查企业重大合规政策、合规工作内容、合规流程及管理层的反馈；审查关于刑事风险或潜在刑事风险的合规报告。

（4）管控针对公司、公司董事、高管、雇员或公司雇用外部机构开展的重大内外部合规调查。

3. 合规委员会的职责

合规委员会是《合规政策》的议事机构，一般而言，合规委员会包括以下职能和责任。

（1）按照《合规政策》规定的流程就有关合规事项进行讨论决策。

（2）监管《合规政策》的更新及实施，包括必要时对《合规政策》进行修正。

（3）定期审阅《合规政策》，以评价其是否足以保护本企业及其员工免遭违反相关反贿赂、反欺诈法律的风险。

（4）与上级国资委的纪委和相关内部审计官员共享根据《合规政策》获得的所有信息及资料，配合上级单位对合规问题的调查审计。

（5）听取和批准对有关可能违反《合规政策》的信息或指控进行调查的报告，并监督此类调查。

（6）向本企业董事会报告有关违反《合规政策》的情况，并提出拟采取的应对措施。

4. 合规委员会的议事及审批规则

合规委员会的议事及审批规则应按照各企业实际情况明确列示于《合规政策》，但应确保合规委员会一定的独立性和权威性。以下仅为举例说明。

一般而言，首席合规官领导合规部门对《合规政策》规定的所有事项进行审批。

下列事项应提交合规委员会讨论决定：①申请部门对于首席合规官做出的决定有异议的，可以申请提交合规委员会复议；②首席合规官认为需要提交合规委员会讨论的。

合规委员会通过投票，以简单多数的方式决定提交讨论的事项。

申请部门对合规委员会做出的决定有异议的，可以与总经理商议，由总经理提交本企业董事会讨论裁决。

董事会的议事规则按本企业章程执行，董事会的决定为最终裁决。

合规委员会通过投票，以简单多数的方式决定审议的事项。

三、首席合规官或合规负责人的职责

根据合规部门的国际通行实践，建立了全面合规管理体系的企业，通常会任命首席合规官。首席合规官是企业的合规负责人，负责企业合规管理工作的具体实施和日常监督。在实践中，最常见的首席合规官任命方式包括：企业任命总法律顾问兼任首席合规官，任命独立的首席合规官但是向总法律顾问报告，任命独立的首席合规官但是直接向 CEO 和董事会报告。

以美国司法部（U.S. Department of Justice，DOJ）为例，其虽然推荐首席合规官应当是独立、专职的，但是未对此进行明确要求，而是更加关注企业的合规职能是否独立运作，以及在开展合规调查时首席合规官是否具有自主权。

首席合规官在合规管理体系架构中起到承上启下的作用。

1. 首席合规官的职责

首席合规官是《合规政策》的具体执行负责人。首席合规官可以根据工作需要成立合规部门，并领导合规部门履行《合规政策》赋予的职权和职责。

首席合规官在管理本企业合规工作及保持本企业合规文化方面的职能和责任如下。

（1）对本企业员工定期开展教育培训以确保他们熟悉并理解《合规政策》；对上述培训项目的有效程度进行定期评估；在有必要对特定类别的员工加强培训的情况下对培训内容进行改进。

（2）回答本企业员工关于《合规政策》的问题。

（3）按照《合规政策》开展尽职调查、合同审查、第三方的聘用、费用的支付等各项审批。

（4）审查本企业对《合规政策》的执行情况。

（5）对违反《合规政策》的行为展开调查。

（6）其他《合规政策》规定的职责。

首席合规官对于其认为需要经合规委员会讨论的事项可以提交合规委员会讨论决策。申请部门对于首席合规官做出的决定有异议的，可以申请提交合规委员会复议；申请部门对合规委员会做出的决定有异议的，可以与总经理商议，由总经理提交本企业董事会讨论裁决；董事会的决定为最终裁决。

2. 子公司的合规负责人

首席合规官可以根据实际情况在每个子公司内部任命专职或兼职的合规负责人，以确保子公司遵守并执行《合规政策》。

企业在下属一级机构可分别任命合规负责人、合规专员，设置合规部门，在非一级机构可设置合规专员。

四、合规部门的职责

企业性质、规模等不同，合规部门的职责会有所不同。国资委印发的《中央企业合规管理办法（试行）》征求意见稿和发改委等七部门联合印发的《企业境外经营合规管理指引》，分别概述了中央企业合规管理部门的一般职责和开展境外业务的企业的合规管理部门职责。

在合规委员会和首席合规官的领导下，企业的合规部门是具体履行《合规政策》的有关职权和职责的机构。其主要职能为：①起草合规管理年度计划及工作报告、基本制度和具体制度规定等；②参与企业重大事项合法合规性审查，提出意见和建议；③组织开展合规风险识别和预警，组织做好重大合规风险应对；④组织开展合规评价与考核，督促违规行为整改和持续改进；⑤指导其他部门和子企业合规管理工作；⑥受理职责范围内的违规举报，组织或参与对违规事件的调查，并提出处理建议；⑦组织或协助业务部门、人事部门开展合规培训；⑧负责确保本企业符合有关法律法规及《合规政策》的规定，并协助首席合规官推进、执行《合规政策》。

合规部门可单独设立，亦可不单独设立，其职能可划入法务部门，由法务部门一并履行相关职能并在部门名称上体现"合规"二字即可。

合规部门中须内设合规专员，作为公司合规管理的具体责任人，一般是通过在合规部门设置一个或数个专门岗位来实现。其职能职责具体如下。

（1）持续跟踪法律法规、监管规定和行业规则等内外部合规监管规定的变化，并及时制定公司内部规章制度或相关实施方案、操作细则等。

（2）负责保持与外部监管机构等的日常工作联系，及时记录各类监管文件的要求并形成报告。

（3）对公司新产品、新业务、新流程进行合规评估，提交合规评审报告，做好合规风险防控预案。

（4）为管理层和业务部门的经营管理活动提供合规咨询、意见和建议，支持公司稳健发展。

（5）收集、反馈公司各部门和业务线发生的合规风险事项等数据和信息。

（6）组织开展合规评价与监督检查，形成评价报告和监督检查报告。

（7）编写合规档案和宣传培训资料，组织落实合规培训和宣传贯彻合规政策。

（8）负责合规档案的整理、归档和维护。

（9）领导安排的其他工作。

五、合规工作联席会议的职责

首席合规官和纪委之间应建立顺畅的沟通机制。企业应安排专门费用预算用于合规、纪检和反贿赂工作。合规委员会和纪委应定期召开反贿赂工作联席会议，交流当期的合规和纪检事项，通报有关反贿赂法、规定和条例的动态，并交流合规事项信息。合规工作联席会议机制在双方职权范围内履行以下职责。

（1）对企业经营管理行为进行监督，对违规行为提出整改意见。

（2）会同合规管理牵头部门、相关业务部门对合规管理工作开展全面检查或专项检查。

（3）对企业和相关部门整改落实情况进行监督检查。

（4）在职责范围内对违规事件进行调查，并结合违规事实、造成损失等追究相关部门和人员责任。

（5）对完善企业合规管理体系提出意见和建议。

第三章

企业合规管理制度体系的构建

第一节　企业合规基本制度

有了合规组织和合规专业人才，那么制定符合企业自身特色的合规管理制度就成了重中之重。任何一家企业，要想构建合规体系，首先要制定自己的合规基础性的文件，我们通常将其称为"两项制度"，即《合规政策》和《企业合规管理办法》。这两个制度文件至关重要，可以说是否制定"两项制度"是一个企业合规工作的逻辑起点，是企业有没有开展合规工作的标志。每个企业都需要在这一基础性文件——《合规政策》的前言中明确本企业该项制度的法律地位和适用范围。同时为规范企业合规工作，完善诚信合规工作机制，明确诚信合规管理责任，发挥诚信合规工作在促进企业经营管理、提高经济效益、规避合规风险中的职能作用，根据《合规政策》和其他有关规定，结合企业实际情况，企业还需要制定《企业合规管理办法》，并围绕该文件展开合规工作。

一、明确《合规政策》在本企业的法律地位

为了有效地推进企业的合规体系建设，企业需要制定本企业的《合规政策》（又称《合规宪章》《商业行为准则》）。这是一个企业构建合规体系的标志性文件。对企业来说，章程是所有规章制度的灵魂。合规章程的必备要素包括：第一，要有合规的理念、价值和目标等内容；第二，要有合规的基本框架，列明合规组织体系的框架结构；第三，要有合规的基本原则。比如，明确说明为了全面推进企业依法治企，进一步规范企业及员工行为，根据有关法律和公司制度规定，编制印发《合规政策》，为全体员工提供行为指南，指导员工以规范的行为和更高的道德标准履行职责，促进企业可持续发展。《合规政策》需要明确诚信合规的基本要求是守法合规、忠诚企业、诚信做事、爱岗敬业，规定在对外交往、职业操守、处理内部关系、维护企业利益、承担社会责任等方面，对企业和员工的基本要求、行为准则和禁止性事项，是企业和员工应当遵

循的基本行为规范和制度要求，也是对外展示企业诚实守信、依法合规价值理念的重要载体。

示例1：本企业要求，各单位和每位员工都要严格遵守和执行《合规政策》的各项规定，不允许有任何变通和例外。各单位要做好《合规政策》宣传、贯彻、落实工作，将其作为合规培训、新员工入职教育、领导干部学习培训的重要内容，使每位员工切实掌握合规管理各项要求，尽快养成守法合规的行为自觉。各级领导干部要以身作则，做守法遵规的表率。各单位合规管理部门要加强对《合规政策》执行情况的监督检查，并组织做好员工承诺书签订工作，使每位员工都要对遵守和执行《合规政策》的规定做出承诺，确保《合规政策》各项要求落实到位。

示例2：本企业高度重视合规管理工作，要认真借鉴国际大公司的通行做法，全面落实合规要求，使合规管理涵盖生产、经营、管理各领域，业务活动各环节和全体干部员工，做到全员、全方位、全过程依法合规。此次制定实施《合规政策》是全面开展合规管理的重要内容，也是对国际大公司通行做法的学习借鉴，对规范企业和员工行为、树立企业良好形象、提升市场竞争力具有重要意义。

二、明确《合规政策》的适用范围

合规企业应当制定合规管理基本制度，明确合规管理总体目标、机构职责、管理流程、考核监督、奖惩问责等。海外业务较多的企业可以针对特定业务领域或国别（地区）的合规要求，结合实际需要，制定相应的海外业务合规管理办法。

海外经营企业及其子公司和关联方（合称"企业"）在开展业务的地区必须遵守中国法律及对其有管辖权的国家和地区的法律法规，其中包括禁止以获取商业利益或个人利益为目的而支付或收受财物的法律（"反贿赂法"）。企业的合规政策不仅要遵纪守法，更要把诚信经营、遵守反贿赂法和秉持高标准商业操守作为本企业的企业文化和业务运作的重要组成部分。为此，企业应遵守《合规政策》。《合规政策》反映了中国法律及国际标准，特别是包括世界银行的《诚信合规指南》及其发布的其他各项诚信及合规要求。

　　企业董事、管理人员和员工高度重视并承诺遵循上述法律法规和本合规政策和程序，这对企业的长足发展至关重要。企业的全体员工在履行职责时有义务了解并遵守反贿赂法和《合规政策》。《合规政策》适用于企业的董事、管理人员和员工、子公司及企业"控制"的实体（"控制"的含义广泛，包括企业根据协议，指导、管理、监督及/或限制其与第三方关系和事务的任何权力）。在与政府机构、其他实体的交往过程中，企业应遵循《合规政策》的规定和程序。《合规政策》应当是对《企业员工手册》和有关纪律规定的补充。

三、明确本企业《合规政策》中企业与员工必须禁止的行为

　　《合规政策》中必须禁止的行为，实际上是合规最基本也是最本质的要求，狭义的"合规"主要是指强化合规经营，反对商业贿赂。所以，开宗明义，企业与员工必须禁止以下行为。

1. 禁止收受任何回扣、贿赂及不适当报酬

　　禁止企业的任何组织或员工，以影响与企业业务相关的决定为目的或以获取私人利益为目的的承诺、给予、教唆，或者接受任何形式的回扣、贿赂、报酬或好处（不论以现金或其他形式或授权任何该等行为，均被称为"贿赂行为"）。

　　企业组织或员工不得直接做出任何被禁止的贿赂行为，也不能间接做出该等行为。例如，授权或允许第三方代表企业进行被禁止的贿赂行为。即使员工没有实际参与被禁止的行为，只要其知晓此等行为却未能根据以下所述的程序向相关部门报告，或者员工故意回避应该知晓而需要上报的信息，则已经是违

反《合规政策》的行为。

2. 禁止欺诈、串通及施加压力

公平竞争是企业的核心价值观之一。禁止企业的任何组织或员工为了获得经济利益、其他利益或逃避某种义务，有意或不计后果地误导或企图误导第三方，包括歪曲事实、故意隐瞒事实、提供虚假资料或信息、明知是虚假信息却不主动澄清等。禁止企业的任何组织或员工与第三方故意串通、合谋或有目的地设计某种安排，以不适当地影响某人的决定，如串标、陪标、串通抬高价格等。禁止企业的任何组织或员工通过对一方施加压力而不适当地影响对方的行为，即直接或间接地伤害或破坏对方的人身或财产，或者以此为威胁从而迫使对方做出本不会做出的行为，包括使用武力、政治权力或其他威胁手段。

3. 禁止任何涉及政府官员的支付行为

在涉及政府官员时，企业的任何组织和员工应特别严格地遵守《合规政策》中所规定的企业对回扣、贿赂、报酬及好处的禁止行为。企业的任何组织和员工严禁为取得或维持业务而直接或间接向政府官员行贿或做出提供贿赂的任何承诺或支付。

企业的任何组织和员工都不得违反企业开展业务的司法辖区（包括所有海外地区）的任何反贿赂法律法规；严禁通过企业或其商业伙伴，直接或间接地向任何政府官员提供、支付、赠与或承诺支付任何有价值之物或授权实施这些行为（除非是具有礼节性、象征性意义的礼品，且事先获得书面批准）。

"政府官员"的定义[①] 包括：①通过竞选或被任命在中央或地方立法、行政或司法政府系统中担任职务的人；②为政府机构或私人企业行使公共职能的人（例如，国营航空公司或其他公司的官员）；为政府机构行使政府职能的官

---

① 该定义来自世界银行针对被制裁企业建立合规计划以申请解除制裁而出台的《诚信合规政策和程序》标准文本。对企业来说，如果需要达到解除制裁的条件，则需按照该标准文本，同时结合自身实际出台企业自身的《诚信合规政策和程序》，并严格执行相关条款规定。

员、雇员或其他人，包括虽不受雇于政府但却为政府办事的人（例如，为协助特定项目或合同而受聘的私人建筑师、工程师或顾问）；③国际公共组织（如世界银行，国际货币基金）的官员或代理；④政党的官员或代理；⑤政界职位的候选人。这个定义本身没有包括政府官员的亲属或前官员，但是如果支付给这些人的意图或目的是影响现任政府官员或政府机构以获取不正当利益，也将被认定为违反反贿赂法。上文中"政府机构"意为中国或外国的（中央或地方）政府或政府部门、代理机关或执行部门，包括政府所有或控股的任何实体或企业、任何执政党或国际公共组织（如世界银行或联合国等）。

在遇到"可疑情况"时，企业员工应立即向首席合规官报告并寻求指导和帮助，类似可疑情况如下。

（1）政府官员要求或索取贿赂。

（2）政府官员要求或建议企业捐助指定的慈善事业。

（3）政府官员自己要求或代他人要求获得就业机会。

（4）政府官员要求企业赞助会议或差旅考察。

（5）在处理与由各级政府所有或控股的单位之间的关系时，为了企业遵守反贿赂法和《合规政策》，这些机构（除企业外）的官员应被视为政府官员。企业在培训员工时需要强化这一认知。为帮助员工遵守反贿赂法，企业上下应依照本企业的《合规政策》及高度道德标准行事。

四、《企业合规管理办法》的基本内容

企业应制定和执行诚信合规管理制度，建立诚信合规管理机制，培育诚信合规文化，防范诚信合规风险的行为。合规管理是企业全面风险管理的一项核心内容，也是企业规范内部经营管理的一项基础性工作。《企业合规管理办法》一般包含以下内容：一是合规工作在企业中的地位；二是合规机构的设置；三是合规工作参与各方的职责与权限；四是工作程序、管理和要求。

示例：企业合规管理办法

第一章 总 则

第一条 为规范企业合规工作，完善企业合规工作机制，明确企业合规管理责任，发挥企业合规工作在促进企业经营管理、提高经济效益、规避合规风险中的职能作用，根据《企业合规政策与程序》（以下简称《合规政策》）和其他有关规定，结合企业实际情况，制定本办法。

第二条 本办法适用于企业各单位、全体员工。

第三条 本办法所称的企业合规，是指企业各单位、各部门的经营管理和所有员工的工作行为，应符合国家的法律、法规、规章及其他规范性文件，行业规范和自律规则，企业《合规政策》及其他内部规章制度，以及行业公认并普遍遵守的职业道德和行为准则（以下统称"法律、法规和准则"）。

第四条 本办法所称企业合规管理是指企业制定和执行企业合规管理制度，建立企业合规管理机制，培育企业合规文化，防范企业合规风险的行为。合规管理是企业全面风险管理的一项核心内容，也是企业规范内部经营管理的一项基础性工作。

第二章 机构设置

第五条 企业设立法律合规部，配备相应的专职工作人员，依法开展企业合规工作，并负责企业所属各单位的企业合规业务指导、监督、检查、考核、评价、协调、培训、举报等相关工作。

第六条 企业设立企业合规委员会，作为董事会下设专业委员会，负责审议与协调企业的合规工作。企业合规委员会由五名成员组成，主任由企业总经理或纪委书记担任，首席合规官由企业分管企业合规工作的领导担任，企业高管、相关部室负责人、专业人员为委员会成员；企业法律合规部在企业首席合规官的领导下具体开展企业合规管理工作。

第七条 企业各单位应设立相应的企业合规管理部门，配备相关企业合规工作人员，履行企业合规管理职能。企业各单位可在条件成熟的分支机构设立合规管理部门或配置专职（兼职）合规专员，开展合规工作。

第八条　企业及企业各单位应保证合规部门履行职责所需经费，并列入本单位年度财务预算。

第三章　职责和权限

第九条　企业合规委员会的职责

1. 对于首席合规官提交的事项进行讨论决策。

2. 对于首席合规官做出决定的复查申请进行复议。

3. 监督《合规政策》的实施，定期（至少每两年一次）全面审阅本政策，并考虑任何实际事例中所学到的经验，以评价其是否足以保护企业及其员工免遭违反相关反贿赂、反欺诈法律的风险，必要时对本政策进行修订。

4. 与上级国资委的纪委和相关内部审计官员共享根据本政策获得的所有信息及资料，配合上级单位对合规问题的调查审计。

5. 听取和批准对有关可能违反本政策的信息或指控进行调查的报告，并监督此类调查。

6. 向企业董事会报告有关违反本政策的情况，并提出拟采取的应对措施。

7. 其他本政策规定的职责。

第十条　企业首席合规官是企业《合规政策》的具体执行负责人。企业各单位合规负责人在企业首席合规官书面授权委托下，代表企业首席合规官负责《合规政策》在本单位的具体执行。企业首席合规官及各单位合规负责人在管理合规工作及保持合规文化方面的职能和责任，一般包括：

1. 对本单位员工定期开展教育培训以确保他们熟悉并理解《合规政策》；对上述培训项目的有效程度进行定期评估；在有必要对特定类别的员工加强培训的情况下，对培训内容进行改进。

2. 回答本单位员工关于《合规政策》的问题。

3.按照《合规政策》开展背景调查、合同审查、第三方的聘用、费用的支付等各项审批。

4.审查本单位对《合规政策》的执行情况。

5.对违反《合规政策》的行为展开调查。

企业首席合规官负责企业本部各管理部室和经营单位的合规文件审查及签署；经企业首席合规官书面授权委托，企业所属各子公司合规负责人代表首席合规官负责本单位的合规文件审查和签署。有以下情形的，必须报企业首席合规官审批或备案：

（1）根据一般程序进行的尽职调查显示拟合作的商业伙伴存在"危险信号"，即商业伙伴的业务经营或声誉存在或可能存在问题（"存疑代表"），经各单位合规负责人审核后，报企业首席合规官审批。

（2）符合《合规政策》所载申请个案豁免条件的商业伙伴，经各单位合规负责人审核后，报企业首席合规官审批。

（3）拟签合同或协议金额在人民币1亿元以上（含）的商业伙伴，由各单位合规负责人审批后，报企业首席合规官备案。

企业首席合规官和经其书面授权的企业各单位合规负责人对因双重身份而产生的审核或决策事项应予以回避。其中，企业首席合规官的职责由合规委员会主任代行，企业各单位合规负责人的职责由企业首席合规官代行。

第十一条　合规部门的职责

1.协助首席合规官或合规负责人构建合规管理体系，制定、修订、完善合规政策与合规工作流程。

2.结合合规要求及本单位实际情况统筹、指导本单位推进合规工作。

3.协助首席合规官或经首席合规官书面授权的各单位合规负责人按照《合规政策》开展背景调查、合同审查等工作，并按照合规工作流程开展合规性审查，主动识别、评估合规风险，提供合规支持。

4. 负责对违反《合规政策》事件的调查处理，起草违规处理决定。

5. 审查本单位内部管理制度、业务流程，提供合规改进意见。

6. 开展合规培训宣贯工作，组织合规培训并向员工提供合规咨询。

7. 根据《合规政策》，审查本单位规章制度和业务流程，并提出制订或修订建议。

8. 企业法律合规部还应负责处理企业各单位提交的申请。

9. 负责制作合规培训资料。

10. 负责合规工作的档案维护和台账管理。

11. 完成上级领导交办的其他相关工作。

第十二条　审批及议事规则

企业首席合规官或经首席合规官书面授权的各单位合规负责人领导合规部门对《合规政策》规定的所有事项进行审批。

下列事项应提交企业合规委员会讨论决定（企业各单位在提交企业合规委员会复议前，应先经本单位董事会讨论）：

1. 申请部门对于企业首席合规官或经首席合规官书面授权的各单位合规负责人做出的决定有异议的，可以申请提交企业合规委员会复议。

2. 企业首席合规官或经首席合规官书面授权的各单位合规负责人认为需要提交合规委员会讨论的。

企业合规委员会通过投票，以简单多数的方式决定提交讨论的事项。

申请部门对企业合规委员会做出的决定有异议的，可以与企业总经理商议，由企业总经理提交企业董事长或董事会讨论裁决。

董事会的议事规则按企业章程执行，董事会的决定为最终裁决。

第十三条　合规工作联席会议

企业首席合规官或经首席合规官书面授权的各单位合规负责人和纪委负责人之间应建立顺畅的沟通机制。企业合规委员会和纪委应定期召开反贿赂工作联席会议,交流当期的合规和纪检事项,通报有关反贿赂法、规定和条例的动态,并交流合规事项信息。

第四章 工作程序、管理和要求

第十四条 企业及企业各单位开展企业合规工作的程序和要求按照企业《合规政策》的规定执行。

第十五条 企业及企业各单位主要负责人应当保障合规人员依法履行职责,各单位内部各职能机构应当积极配合合规工作。

第十六条 经书面授权的各单位合规负责人应当在由企业首席合规官签发的《授权委托书》中约定的权限范围内履行相关职责,不得超越权限或将权限委托于其他人。企业首席合规官将每年对经书面授权的各单位合规负责人所做出的决定和批准进行监督审查。

第十七条 统计及档案管理

企业法律合规部负责指导、监督、协调企业合规统计、台账登记、合规档案管理工作。企业各单位的合规部门负责本单位合规统计、台账登记、合规档案管理工作,并定期将相关统计数据报送企业法律合规部。统计报表内容包括:合规培训及合规证书签署统计数据及人员名单,商业伙伴尽职调查情况,礼品、招待、差旅费用数据,捐赠和赞助费用数据等,当月数据应于次月5日前报送。

第十八条 企业及企业各单位每年度应就本单位《合规政策》执行情况形成总结报告。企业各单位应将总结报告于次年1月31日前提交企业法律合规部。

第十九条 经企业首席合规官书面授权的子公司应设立咨询举报热线,报企业法律合规部备案后,将企业举报热线及本单位举报热线在本单位一并予以公示。鼓励员工或任何第三方对本企业的任何欺诈、贿赂、腐败、串通、施加压力和其他不符合本政策的行为和情况进行举报。经书面授权的子公司合规负责人是接受违反《合规政策》行为举报的主要负责人。

　　第二十条　企业将根据需要对企业各单位的《合规政策》执行情况进行监督检查。各被检查单位应对检查中存在的问题认真整改，并及时反馈整改结果。

　　第二十一条　企业及企业各单位对认真履行职责、忠于职守、坚持原则、做出显著成绩的合规人员给予奖励。对违反本办法及《合规政策》规定的人员，根据违规行为的性质，可以采用影响年度考核或按照《中国共产党纪律处分条例》《企业行政责任追究暂行办法》或其他相关规定给予相应处分直至解除劳动合同，有违法行为的移交司法机关处理。合规委员会、首席合规官和法律合规部依据《合规政策》对不合规行为的调查和处分，不影响纪检部门的同时按党内有关规定进行调查处理。

　　第二十二条　经书面授权的企业所属各子公司合规负责人超越权限或未按本办法及《合规政策》有关规定进行审查或批准的，根据所造成的损失或影响，可以采用影响年度考核或按照《中国共产党纪律处分条例》《企业行政责任追究暂行办法》或其他相关规定给予相应处分直至解除劳动合同，有违法行为的移交司法机关处理。

　　第五章　附　　则

　　第二十三条　本办法由企业合规部负责解释。

　　第二十四条　本办法自发文之日起实施。

第二节　企业合规政策下的员工守则

　　员工守则是企业规章制度、企业文化与企业战略的浓缩。从合规的角度看，员工守则就是员工合企业内部的"规"，同时起到展示企业形象、传播企业文化的作用。它既是企业员工日常守规的行动指南，又是适应企业独特个性的合规管理要求。站在企业合规的角度，合规的《员工守则》可以成为企业有效推进合规文化和合规管理的手段；站在企业员工知规守规的角度，它是员工了解诚信合规企业基本素养、认同本企业合规文化的渠道。《员工守则》是员工尤其是新进员工了解公司体制、状况、文化最直接的载体。最重要的是，它表明了企业的制度文化，告知了员工的行为准则。它本身就是员工培训教育最好的教科书，是企业文化的传播媒介。人事部门应与合规事务部协同，在《员工守则》中纳入针对违反企业行为准则或其他合规政策、指南或规章的处理方式和惩戒方式。与此同时，单独的对违反行为的查处及惩戒的规章，建议企业由两个部门共同起草并告知全体员工。因此，企业在恪守本企业诚信合规政策背景下制作符合本企业的《员工守则》意义重大。

一、编写原则

编写《员工守则》，应遵守依法合规，诚信对等，讲求实际，不断完善，以及透明、友爱、公开五个原则。

（1）依法合规：《员工守则》的制定要遵循国家的法律法规和行政条例，同时又要符合本企业诚信合规政策的要求。

（2）诚信对等：《员工守则》要提倡员工讲求诚信，诚信是员工合规的基础，鼓励企业与员工、员工与员工之间的平等关系和权利义务的对等。

（3）讲求实际：《员工守则》要有实际内容，体现企业的个性特点。

（4）不断完善：《员工守则》应该适时、不断改进、不断完善。

（5）透明、友爱、公开：《员工守则》要起到指引合规的效果，离不开全员参与，要体现企业的人文关怀，体现同事之间的友爱；《员工守则》的制定过程要透明，要广泛征求大家的意见，积极采纳好的意见和建议。

二、合规政策下《员工守则》的具体内容（以建筑施工企业为例）

示例：员工守则

一、基本要求

员工必须遵守公司的各项规章制度。

坚决服从上级（包括项目经理、领班）的管理，杜绝与上级顶撞。

合规专员及质量监督员在履行监督职责时，任何员工首先要服从，不发生正面冲突，有不同意见需要书面向首席合规官申诉。

员工对公司有意见和建议，可通过书面方式向公司反映，也可以要求公司召开专门会议倾听其陈述，以便公司做出判断。

员工要做到每项工作留痕。上级安排的任务、客户的要求、同事的委托，均需书面记录，并在规定的时间予以答复，无法完成的工作也需要回话并立即向有关人员汇报，不得拖延。杜绝任何问题有始无终。

公司实行"委托责任人与请求协助"的管理制度。各委托责任人可以委托其他人员去独立完成或协助完成委托责任人交代的工作。当委托责任人请求协助时，员工必须表明以下两种工作态度：①可以协助，询问什么时候开始；②不可以协助，申明自己的理由。

员工必须做到如下事项：

1. 员工应自觉做到不迟到、不早退。

2. 员工有事必须请假，未获批准，不得擅自离岗。因自然灾害或直系亲属的婚丧嫁娶等急事需请假时，须将自己的工作交接好，经上级批准后方可休假。

3. 员工正常调休，须在7天前做好计划。因应急事件不能在规定时间内返回，必须先向相关上级汇报解释，否则公司将对此做出处罚。原则上工作之外的时间由员工自由支配。但特种工作出于安全需要要求有充足时间休息好才能上岗的，如不能保证达到要求的休息时间，无论因公因私，均须提出申请报备，经批准后方可上岗，不能保证正常的睡眠时间而导致第二天工作精神欠佳者，公司可以要求其立即停止工作，等体力及精神恢复正常后方可允许其工作。如屡次发生以上情况，公司将对该员工进行额外的合规培训并做出相应的处罚。

4. 员工工作时必须衣冠整齐。除了特殊工作，不得穿拖鞋。

5. 员工需要专心工作，不得聊天；不得唱歌、吹口哨；不得打闹；不得影响其他人工作。

6. 员工工作期间不得饮酒，隐瞒饮酒并在酒后工作的，第一次扣除当月工资的 20%，扣发 6 个月的奖金；第二次解聘。

7. 施工过程中，在没有确认项目经理的情况下，员工有权拒绝工作并及时报告主管。

8. 员工不得在施工现场、仓库、工作场所及其他禁烟区吸烟。违犯者，第一次扣除当月工资的 20%，扣发 6 个月的奖金；第二次解聘。

9. 在施工地，任何员工向客户或有关单位或个人借款均属违规行为。

10. 为安全起见，员工家属探亲，不允许进入生产基地，不可在工地入住、就餐，但员工可以在合理的时间内请假会见。

11. 做错任何事情都应立即向领班及主管汇报，如有隐瞒，一经查出，将加倍处罚。

12. 员工须与客户保持清廉关系。招待与礼品均不可超越《合规政策》的标准，且需要报请首席合规官批准。

13. 按照《合规政策》，业务活动中员工不得接受超过人民币 200 元标准的礼品和便利费。超过的，要拒接或上缴。

14. 企业提倡员工将同事关系定义为纯工作关系。员工之间私生活不受其他员工约束，不得谈论其他员工的是非，不得搞团伙或排挤同事。

15. 禁止赌博。

16. 员工之间如因过失或方法不当损坏他人物品时，应立即主动承认并诚恳道歉，以求得物主的原谅。

17. 员工必须讲究卫生。

18. 公司提倡说普通话。说普通话是企业合规文化的要求。

19. 讲文明，懂礼貌。员工不得说脏话、粗话；真诚待人；不恭维成性，不溜须拍马成习。

20. 员工与外界交往须不卑不亢，不得对外吹嘘、炫耀公司及有关事情。

21. 员工对公司要忠实，不得谎报情况，不得散布流言蜚语，不允许报喜不报忧。

22. 公司提倡诚信文化，提供假文件、假体检报告、假证书均属要受到合规处罚的行为，以上行为在现代社会是极不道德与违法的行为，是与企业合规文化相背离的行为。

23. 合规的管理人员首先是合规的员工，对员工的所有合规要求都适用于管理者。高层管理人员要比员工有更高的合规要求。

24. 公司对员工的提拔要求是：

（1）经过正式合规培训的人员。没有合规证书的，永远得不到提拔。

（2）正式技术人员。

（3）一定的年龄，证明其已经在其他单位或本单位做过巨大贡献的人员。

25. 无论员工对企业持什么态度与打算，都应该希望自己所服务的企业强大。

26. 凡接受公司价值观并准备进入公司的人员，必须接受合规培训，并取得合规证书。

二、卫生条例

1.每天刷牙一次以上，并做好口腔保洁工作（如身上常备口香糖更好）；勤洗澡、换衣。如身上有异味，应及时清理，保持良好的个人形象。

2.自己患有传染性疾病时，必须向公司汇报，以便公司做出妥善处理。如隐瞒传染性疾病病情，将会视情节后果严重程度受到公司的相应处罚。

3.不得随地大小便。饭前便后必须洗手。

4.不得随地扔垃圾。

5.就餐完毕，将桌上的饭菜残渣清理干净。

6.保持生产场所、宿舍干净整洁。每天必须倒掉垃圾桶内的垃圾，时刻保持过道的清洁。用完洗手间后必须认真冲洗。

三、奖惩条例

1.奖励

（1）举报不合规行为查证属实的，奖励100~200元。

（2）发现有损公司形象和利益的行为，当场制止或积极举报者，奖励200元。

（3）员工在试用期内如主动承认自己的不诚实行为或所犯的错误，给予一定的奖励。

2.惩罚

（1）违反《合规政策》，按照相关条例进行处罚。

（2）缺勤而事先未获批准，解除试用关系。

（3）上班时擅自离岗者，解除试用关系。

（4）如发现公司隐患而不立即上报者，每次罚款30元。

（5）公司不允许带病坚持工作，发现后每次罚款30~50元。

（6）未经公司专门批准，接待私人来客者，解除试用关系。

（7）故意损坏或滥用公司及员工物品的，解除试用关系。因过失或方法不当损坏公司或员工物品时，应立即承认并诚恳道歉，以求得公司及同事的原谅，否则一经查出，除赔偿损坏的物品外，还将罚款50~200元，并降低信用等级。

（8）赌博、服用毒品、发动骚乱、参加邪教组织或参与其他不良活动的，应予以开除并移交司法机关处理。

四、同事关系法则

1. 关系总则

企业提倡员工将同事关系定义为纯工作关系。员工之间私生活不受其他员工约束，不得谈论其他员工的是非，不得搞团伙或排挤同事。

2. 日常关系

（1）见面问声好，分手说"再见"。

（2）工作时间埋头工作，不闲聊，更不说闲话和废话。

（3）同事生病或受伤时，应相互救助。

（4）任何场合都不能与同事或他人议论其他同事或公司的事情，更不可指责或讥讽同事。

（5）不得将自己的工资和奖金数目告诉同事或他人，也不可探听同事的工资及奖金数额，否则会受到公司的相应处罚。

（6）不可与同事（包括其他人）在任何时候打麻将、玩纸牌或在游戏机上玩，无论赌博性质还是娱乐性质。一经发现，公司将作自动辞职处理。

（7）集体宿舍必须按时熄灯。别人入睡后，除特殊情况外，自己不得擅自开灯并尽量不要发出声响，否则会影响同事休息，进而影响工作。

3. 同事重要原则

所有员工每天的工作都是按照自己的计划来安排的。任何员工不能在没有商量的前提下，以吩咐或命令的口吻要求同事（即使是下属）改变日常安排或停下手头工作来帮助或协同自己完成某一项工作。打乱同事的工作计划是对同事最大的不尊重。

4.下级提升为上级后的关系

所有管理者必须对其下属有可能被提升为自己的上司做好充分的思想准备。下属或因工作出色，或因工作需要，或因其他原因，随时都有被提升为管理者的上司的可能。当下属被任命为自己的上司时，管理者必须服从其领导。此时，管理者只能做以下选择：

（1）一如既往地做好本职工作。

（2）更加努力工作，争取更快地提升。

（3）提出辞职。如果管理者带着不满的情绪工作，既会对公司造成不利影响，也会对自己的业绩产生不利影响，甚至可能最终被解聘。

5.矛盾与纠纷

（1）公司反对同事之间有矛盾与纠纷。

（2）公司一般不介入同事之间的矛盾与纠纷，因为公司不是仲裁机构。

（3）如同事之间闹矛盾，请首先考虑：你们之间的矛盾与纠纷是否会损坏或影响公司的声誉或利益。如有影响，公司将对每人做出同样的处罚。

（4）矛盾系一方故意引发，公司鼓励另一方予以举报，以便公司核实后做出相应的处理。

（5）公用工具（包括汽车）应本着重要优先的原则使用，不得因为使用公用工具（包括汽车）而闹矛盾。凡影响公司利益者，将会受到相应的处罚。

五、权力制约规则

1.总则

一个健康的企业必须受到合规的制约，合规监督是制约企业运作过程中滥用权力的重要手段。实践证明，公司管理者（包括最高决策者）的权力如果没有受到相应的制约，而只靠道德或觉悟来行事，最终会给企业带来不可预知的损失。

2. 制度监督与合规监督

一家公司能否完全按照国家的法规、公司的章程及其他的规章制度办事，合规监督人员起着至关重要的作用。合规监督人员的工作难度很大，因为他们的工作是在冲突中发生、在处罚中完成的。在合规监督人员的心目中，员工永远没有等级之分，合规监督人员只对制度负责。

3. 合规监督工作人员的权力

合规监督人员有着崇高的权力，在履行合规监督职责时，必须严格按照制度及规则办事。被合规监督的员工必须主动配合，不得有任何消极与抵触情绪；同时，合规监督工作人员也不得以合规监督工作为名泄私愤，否则一经查实，立即调离合规监督工作岗位。

合规监督工作人员因为工作的特殊性，如果违规，公司不得做出立即开除的决定。应视其错误的严重程度，在其做出书面检查后，给予降低个人信用等级或调离合规监督岗位的处置。

4. 合规监督工作人员的最后权力

合规监督工作人员在履行合规监督职能时，有时会与自己的上级甚至公司的最高决策层发生冲突。此时，合规监督人员的权力及利益保护尤其重要。特别是合规监督人员在履行合规监督职能时，在上级违背合规禁止性规定的前提下，坚持原则，拒不执行上级的指令（严格地讲是错误的指令）而遭到解聘或开除时，合规委员会需要听证。

5. 权力制约规则的永恒及严肃性

权力制约规则应被视为公司章程的一个组成部分，与公司其他章程一样具有同等效力。一般情况下，董事会不得对此做任何修改。

六、账簿管理和会计监督政策

保存准确的账簿记录及维持一套足以确保企业遵守诚信合规政策中账簿管理条款的制度是企业的一项重要政策。

每一位员工有义务确保所有关于企业和政府官员（定义见企业《合规政策》）、本国或外国政府、国际组织，以及企业聘请的代理或代表企业并以企业名义与该等官员、政府和组织进行潜在交易的记录（例如收入项、发票、银行记录、支出项或会计分录）的证明文件是准确无误的，并且能够清楚地说明每一项交易的原因和目的。对任何与该等交易相关但未入账（或"账外"）的资金或财产进行保留的行为均违反了企业的诚信合规政策和程序。如以企业名义支付的款项将被明示、暗示或意图用于证明文件所描述的用途之外的任何目的，则企业将不会批准或支付该等款项。企业严格禁止在公司账簿记录中伪造任何不实或虚假的记录。

违反企业保存准确账簿记录要求的交易包括（但不限于）：

（1）任何伪造或未记录在公司账簿中的款项支付。

（2）任何通过时间倒签或修改发票完成的款项支付（如用意在掩盖涉及的交易真相或谋取不当利益）。

（3）任何向企业开出（或由企业开出的）发票未记载真实的购买或销售价格的交易。

（4）代表企业或为其业务在国内或海外开设或维持任何非企业名下账户。

（5）进行任何在企业财务账目中未真实反映的或在企业财务账目中故意不当反映的交易。

（6）进行任何未在发票中真实反映的交易（普通商业行为中的折扣或优惠除外）。

（7）企业就合同项下的货物或服务向合同签署方之外的其他人进行任何支

付，除非该等支付有充分的书面证明文件并经事先批准。

（8）进行任何尽管在企业记录中有全面证明文件但交易对方没有出具收据证明的现金交易。

七、腐败与欺诈行为的查处

腐败与欺诈是危及公司生存的恶劣行为。此类行为如得不到及时查处，势必严重打击诚实员工的积极性与进取心。"个人信用计算机辅助系统"及调查部的抽样调查，都是防范此类行为发生甚至泛滥的有效手段。采购时的腐败行为、业务谈判时的桌底交易、报销时的欺诈等行为，一经查出，都将受到应有的惩罚。

八、合规提示——报销前的声明

所有办理报销人员，在报销前都需要聆听财务人员宣读《合规提示——报销前的声明》。其内容如下：

作为本司员工，您现在所报销的凭据必须真实及符合《企业合规政策与程序》和《财务报销规则》，否则有可能成为您欺诈、违规甚至违法的证据，视情节可能受到严厉的惩罚并付出相应的代价，这个污点可能将伴随您一生。

如果因记忆模糊自己不能确认报销凭据的真实性，请再一次认真回忆并确认凭据无误，然后开始报销，这是极其严肃的问题。

九、采购规则的合规内容，主要明确

1.采购原则

必须按照先质量、后价格的原则，在确保质量的前提下商谈价格。脱离公司质量标准的价格优惠，是绝对不能被接受的。在采购过程中，坚决禁止向供货商索要钱物，不准吃请。

2. 采购程序

在采购货物前必须填写采购单，采购人员凭单采购。采购工程材料时，采购单由仓储部主管、使用人填写。工地所需材料应由工地总管将材料所需的计划报给仓储部经理，由仓储部迅速做出反应，将采购计划交给采供部。工地总管对应在当地采购的材料及设备有单独采购权。

在采购日常用品及小区使用物品时，由行政部人员填写，如当时不能填写采购单，事后要补填。

十、售后服务制度中的合规内容，主要明确与客户交往的规则

1. 用礼貌的语言及态度与客户交谈，做到不卑不亢；不得向客户炫耀公司的成就。

2. 进入客户室内，首先请客户将现金、金银首饰等重要物品妥善收藏；不得乱动、乱拿客户的物品，不得使用客户的洁具。

3. 不得接受客户吃请及客户赠送的礼品。

4. 如当天不能返回，请求客户协助解决住宿或自行解决住宿问题。

十一、仓库（厂房）管理制度中的合规内容，主要明确生命安全原则

当物品安全与生命安全发生冲突时，生命安全优先。公司不提倡冒着生命危险去抢救物资。

第四章

企业合规实务中的商业伙伴管理问题

第一节　商业伙伴的概念及其对于企业合规的意义

一、企业合规实务中规定商业伙伴尽职调查的意义与适用条件

企业合规体系中反腐败、反贿赂是核心，反腐败、反贿赂方案不仅适用于本企业与政府官员的直接交往，也适用于商业伙伴的行为。因为商业伙伴可能为本企业的直接或间接利益而向政府官员给予或支付有价之物，极端情况下企业也可能被要求对其商业伙伴不合规的行为后果负责，比如联合体的另一方。

"商业伙伴"的定义广泛，不仅指与企业签订合同的机构，也指为该机构工作或与该机构合作，为企业提供服务或其他负责管理企业事务的其他个人。对合规企业而言，除了自己要做到合规经营，还需要其所有商业伙伴均能严格遵守反贿赂有关的国际公约和国内法律法规，以及本企业《合规政策》的规定。

二、商业伙伴的范畴

通常一个企业的企业合规政策项下的商业伙伴最少应包括：

（1）企业的承包商、分包商、供应商、项目业主。

（2）企业的销售、市场营销、税务、环境或其他代理。

（3）企业的咨询顾问、代表、经销商或合资伙伴。

（4）向企业或其控制的关联企业提供货物或服务，或者与其建立类似关系的任何其他公司或个人（单称及合称"商业伙伴"）。

企业不仅有可能为其员工的行为承担直接责任，而且在下述情形下还可能因构成对贿赂的默许而需要承担责任：如果企业知道其商业伙伴会（或者当时的情形表明商业伙伴很有可能会）支付或接受贿赂或回扣，从事任何欺诈、串通及施加压力，但未能采取适当措施以试图阻止该贿赂或该行为。

在与商业伙伴商讨业务合作内容之前，企业相关员工或负责与该商业伙伴

缔约的相关部门（"负责员工"）应向该方（及该方负责人）告知和解释企业已经执行了《合规政策》，并希望该方能完全遵守《合规政策》及反贿赂法。"负责员工"应向商业伙伴提供《合规政策》（或其相关内容齐全的节选本）的一份书面文件，并被告知在代表企业行事时必须遵循《合规政策》。该方还必须被明确告知：完全遵守反贿赂法对于企业是至关重要的，如果发现该方有任何违反《合规政策》和反贿赂法的可疑行为，企业可采取适当的行动，包括终止合同。企业鼓励该方就有关《合规政策》或反贿赂法的问题咨询企业首席合规官。

第二节　商业伙伴合规尽职调查的一般程序

一、程序

企业在与商业伙伴建立任何合作关系前应遵循下述的一般程序，对该商业伙伴进行尽职调查。通常在与某一商业伙伴建立任何合作关系之前，相关企业的负责员工必须填写《拟合作的商业伙伴举荐人申请表》和《拟合作的商业伙伴信息表》，这是启动商业伙伴合规尽职调查的第一步。一般情况下，商业伙伴举荐人就是开展商业合作的首办人，同时可能是出现问题时首席合规官首先要去调查的人。除了填写上述表格，企业的"负责员工"应收集汇编相关证明材料，制成完整的尽职调查档案，提交首席合规官进行审批。企业的"负责员工"不得与其选定的商业伙伴有经济或其他利益关系。如果发现商业伙伴存在负面信息但仍决定递交申请，"负责员工"必须在尽职调查申请文件中解释原因。

在更新或续签与现有商业伙伴签订的合同之前，"负责员工"必须对上述信息进行收集和汇编，提交给首席合规官，并更新相关的《拟合作的商业伙伴信息表》。

特别重要的是，需判断商业伙伴是否为中央或地方政府所有或控股（那样的话，该商业伙伴企业自身就是一个政府机构），或者是否直接或间接地与任何政府（包括政府或执政党全部或部分拥有的公司的员工）或公共国际组织（如世界银行）有任何联系。为全面检查商业伙伴是否有任何上述联系，首席合规官应在合理范围内尽其最大努力在尽职调查中确定商业伙伴的最终实益所有人，以及将为企业提供实质性服务的所有个人，或者负责监督、管理或指导上述服务工作的所有个人的身份。

所有收集的与合同签订前的尽职调查有关的文件信息将纳入商业伙伴的尽职调查档案中，呈交给首席合规官，并在负责与商业伙伴进行主要联系的员工（及其继任者）的办公地点存放一份副本。尽职调查文档应完整并证明企业已进行了针对商业伙伴的全面调查，包括任何反映商业伙伴的负面行为和声誉的信息。

企业首席合规官根据举荐人提供的尽职调查进行审查批准，并签发批准书。

二、《拟合作的商业伙伴举荐人申请表》《拟合作的商业伙伴信息表》《首席合规官批准书》示例

示例：拟合作的商业伙伴举荐人申请表

1. 商业伙伴名称：_____

2. 拟开展业务所在地：_____

3. 举荐人姓名和职务：_____

4. 拟建立的业务关系和拟提供的服务（请说明将履行的具体工作及与工作相关的项目）：_____

5. 预计的起始日期和结束日期：_____

6.对该商业伙伴的报酬预估总额：_____

7.负责监督和批准费用支付的员工姓名：_____

8.是否知悉拟合作的商业伙伴途径？

（a）姓名：_____

（b）部门／下属单位：_____

（c）其他途径：_____

9.该商业伙伴是否为政府官员或政府机构或与其相关联？ □是　□否

10.支付将以何种方式进行：□电汇　□支票　□其他方式，请解释：

_____

11.如通过电汇，支付将以商业伙伴为收款人支付到当地银行。

如果为"否"，请解释：_____

12.应付费用与就类似服务向其他方支付费用的数额和方式是否类似？

　　□是　□否

13.是否计划只聘用拟用的商业伙伴一家？ □是　□否

14.如果聘用该商业伙伴，是否必须终止或修改现有合同？ □是　□否

如果为"是"，请解释：_____

15.该商业伙伴是否通过招投标或比选程序选出的？ □是　□否

16.是否考虑过其他候选商业伙伴？ □是　□否

如果为"是"，请列出其他候选商业伙伴及选择该商业伙伴的原因：

_____

_____

举荐人证明：

本人已经根据《企业合规政策与程序》对拟用商业伙伴进行尽职调查，并为拟用商业伙伴创建了尽职调查档案，现推荐该商业伙伴。本人无理由相信该商业伙伴将会遵循《企业合规政策与程序》以及任何适用的反贿赂法。

签名：_____

职务：_____

公司：_____

日期：_____

示例：拟合作的商业伙伴信息表

一、申请人信息及聘用基本条款

1. 申请人基本信息

（a）法律名称全称：_____

（b）其他别名或商业名称：_____

（c）商业地址：_____

（d）电话：_____

（e）传真：_____

（f）电子邮件：_____

（g）网站：_____

2. 有关申请人的介绍、广告及其他材料已经向公司提供。□是　□否

请附上任何与申请人提供的服务相关的任何手册和 / 或推荐材料。

3. 申请人的管理层和所有人信息

申请人的负责人？（在回答中，请列明所有人、董事、管理人员及将参与向公司提供实质性服务的重要员工）

请提供每个负责人的个人信息，详见《申请人负责人个人信息表》。

申请人负责人个人信息表

职务	姓名	出生年月	住址（城市）	是否在其他企业担任职务，如有请列明企业、职务名称
董事长（或执行董事）				
董事				
总经理				
生产负责人				
财务负责人				
市场负责人				
技术负责人				
其他高层管理人员（如有）				

注：本表格为样表，申请人可根据本公司实际情况，增加本表内容，以便更充分或更恰当地披露信息。

请附上所有人、董事、管理人员及将参与向公司提供实质性服务的重要员工的包括教育和业务经验在内的履历、简历及个人信息。

申请人的股东（如与上述不同）和实益所有人（详细到最终实益所有人，如有）有哪些？

["实益所有人"是指拥有证券（包括股权）或财产而产生利益的实际收益人，尽管该证券（包括股权）或财产没有登记或注册在该实益所有人名下。]

详见《申请人股东及实益所有人信息表》。

申请人股东及实益所有人信息表

股东方／实益所有人	出资金额	持股比例	母公司／最终实益所有人

注：本表格为样表，申请人可根据本公司实际情况，增加本表内容，以便更充分或更恰当地披露信息。

4. 申请人的成立和注册

（a）设立 / 成立日期：_____

（b）商业注册号 / 营业执照或注册号：_____

（c）注册资本：_____

（d）申请人上级主管单位或者主管政府部门（如有）：_____

5. 关联公司（母公司、子公司或姊妹公司）的名称和地址

公司名称：_____

同申请人关系：_____

地址：_____

公司名称：_____

同申请人关系：_____

地址：_____

公司名称：_____

同申请人关系：_____

地址：_____

6. 员工总数

销售和管理：_____

技术：_____

其他：_____

7.（a）目前业务从业时间：_____

　（b）其他各项业务及从业时间：_____

业务：_____

从业时间：＿＿＿＿＿＿＿＿＿＿＿＿＿＿＿＿＿＿＿＿＿＿

业务：＿＿＿＿＿＿＿＿＿＿＿＿＿＿＿＿＿＿＿＿＿＿＿＿

从业时间：＿＿＿＿＿＿＿＿＿＿＿＿＿＿＿＿＿＿＿＿＿＿

（c）申请人有多少业务是在建筑行业及其从业时间：＿＿＿＿＿＿＿＿＿

8. 申请人公司主营业务收入：¥＿＿＿＿＿＿＿＿＿＿＿＿＿＿＿＿＿

净资产：¥＿＿＿＿＿＿＿＿＿＿＿＿＿＿＿＿＿＿＿

（经会计师事务所审计的最近年度的财务报表数据）

9. 设施和办公室概述：＿＿＿＿＿＿＿＿＿＿＿＿＿＿＿＿＿＿＿＿

10. 过往三年内与拟提供服务或销售所类似服务或销售的代表性业绩

详见《申请人主要销售／提供服务业绩统计表》。

申请人主要销售／提供服务业绩统计表

销售／提供服务对方	销售／提供服务年月	销售产品／提供服务项目

注：本表格为样表，申请人可根据本公司实际情况，增加本表内容，以便更充分或更恰当地披露信息。

二、申请人证明人

11. 请提供至少一家申请人银行及／或信贷证明人

银行／信贷机构名称：＿＿＿＿＿＿＿＿＿＿＿＿＿＿＿＿＿＿＿

联系人姓名：＿＿＿＿＿＿＿＿＿＿＿＿＿＿＿＿＿＿＿＿＿＿

电话号码：＿＿＿＿＿＿＿＿＿＿＿＿＿＿＿＿＿＿＿＿＿＿＿

地址：＿＿＿＿＿＿＿＿＿＿＿＿＿＿＿＿＿＿＿＿＿＿＿＿＿

12. 请列出任何行业协会（申请人是其会员）或其他公共证明人（例如，被列入行业杂志）：_____

13. 请列出两位可供联系的外部证明人（非申请人本公司有关人员）。证明人应了解申请人公司管理层主要人员、公司专业及业务声誉和能力。

姓名：_____

所属公司：_____

地址：_____

电话号码：_____

姓名：_____

所属公司：_____

地址：_____

电话号码：_____

14. 其他证明人：_____

三、申请人的行为准则／道德准则／反腐败或合规政策

15. 申请人是否有书面的合规政策？

□是　　　　□否

如"是"，请附上复印件。

16. 申请人是否有针对其员工正式的反贿赂培训计划？

□是　　　　□否

如"是"，请予以描述：_____

17. 申请人是否有书面的行为准则和／或道德准则？

□是　　　　□否

如"是"，请附上复印件。

18. 申请人是否有针对其员工正式的行为准则和道德准则培训？

☐是　　　　☐否

如"是"，请予以描述：_____

19. 申请人是否有合规官？

☐是　　　　☐否

如"是"，请提供联系信息。

四、与政府官员关系披露

就下述问题，"政府官员"包括任何级别的政府或国际公共组织（如世界银行）的任何员工或代表，以及任何政党职位的候选人。

20. 申请人的特殊联系人／能力

（a）是否有任何要求聘用该申请人的国家或地方法律要求？

☐是　　　　☐否

如"是"，请解释：_____

（b）是否有任何禁止或限制聘用申请人的国家或地方法律约束？

☐是　　　　☐否

如"是"，请解释：_____

21. 是否有申请人的任何管理人员、董事、股东、实益所有人或主要雇员目前担任或在过去两年内担任过政府官员，或者与政府官员有亲属或其他密切的联系？

☐是　　　　☐否

如"是"，请完成下述每一项：

（a）此人的姓名和地址：_____

（b）在申请人内担任的职位或与申请人的关系：_____

（c）此人是否在申请人为公司拟提供的服务中承担任何责任或参与其中？

如"是"，请解释：_____

（d）在申请人中的所有权比例或投票权比例？＿＿＿＿＿＿＿＿＿

（e）代表申请人订立和签署文件、协议或文书的授权：＿＿＿＿＿＿＿

（f）在国际公共组织、任何级别的政府内担任的职务：＿＿＿＿＿＿

（g）担任上述职务的时间：＿＿＿＿＿＿＿＿＿＿＿＿＿＿＿＿

（h）在国际公共组织、任何级别的政府内所担任职务的职责描述：＿＿＿＿＿＿

＿＿＿＿＿＿＿＿＿＿＿＿＿＿＿＿＿＿＿＿＿＿＿＿＿＿＿＿＿

（i）此人曾任职的国际公共组织、政府部门、机关、部委或执行部门是否有任何权力调控、批准、监管或影响公司任一方面的运营、业务或行为（包括其个人雇员的行为）的？如"是"，请解释：＿＿＿＿＿＿＿＿＿＿＿

五、违反披露

22. 申请人是否熟悉适用的反腐败或反贿赂法律的禁止性规定？

□是　　　　□否

23. 申请人或其高级管理人员、董事或股东在过去三年内是否有被指控违反任何反腐败或反贿赂法律，或者有被指控参与被视为向政府官员进行不当支付的任何行为？

□是　　　　□否

如"是"，请解释：＿＿＿＿＿＿＿＿＿＿＿＿＿＿＿＿＿＿＿

六、利益冲突

24. 举荐部门是否有任何员工、领导或其亲属是申请人的股东、员工、顾问，或者与申请人存在任何经济利益或其他利益关系？

□是　　　　□否

如"是"，请解释：＿＿＿＿＿＿＿＿＿＿＿＿＿＿＿＿＿＿＿

25. 是否有任何本企业或子公司的管理人员、领导或其亲属是申请人的股东、员工、顾问，或者与申请人存在任何经济利益或其他利益关系？

□是　　　　　□否

如"是"，请解释：＿＿＿＿＿＿＿＿＿＿＿＿＿＿＿＿＿＿＿

26.是否有任何本企业或子公司的管理人员或领导建议或要求聘用申请人或与申请人合作？

□是　　　　　□否

如"是"，请解释：＿＿＿＿＿＿＿＿＿＿＿＿＿＿＿＿＿＿＿

准确性证明：

本人，［姓名］，作为［申请人名称］的合法授权代表，证明并保证，基于本人最大限度所知和能力，申请人就前述问题的回答在所有方面均真实、准确。

签名：＿＿＿＿＿＿＿＿＿＿＿＿＿＿＿＿＿＿＿＿＿＿＿＿＿＿

职务：＿＿＿＿＿＿＿＿＿＿＿＿＿＿＿　＿＿＿＿＿＿＿＿＿

公司：＿＿＿＿＿＿＿＿＿＿＿＿＿＿＿　＿＿＿＿＿＿＿＿＿

日期：＿＿＿＿＿＿＿＿＿＿＿＿＿＿＿　＿＿＿＿＿＿＿＿＿

示例：首席合规官批准书

公司聘用任何商业伙伴需获得公司首席合规官事先批准（除非根据公司《企业合规政策与程序》的相关规定无须获得该事先批准）。本表格必须呈递首席合规官批准。

根据反贿赂合规审查及其所附审查材料，公司首席合规官做出以下决定：

＿＿＿＿＿＿＿＿＿＿＿＿＿＿＿＿＿＿＿＿＿＿＿予以批准。

签名：＿＿＿＿＿＿＿＿＿＿＿＿＿＿＿＿＿＿＿＿＿＿＿＿＿＿

职务：首席合规官

日期：＿＿＿＿＿＿＿＿＿＿＿＿＿＿＿＿＿＿＿＿＿＿＿＿＿＿

第三节　合规尽职调查的额外程序

对于任何可能成为或让外界视其为企业的代理、代表或合作伙伴的商业伙伴，企业必须在首席合规官的监督下对其进行《合规政策》中描述的部分或全部的额外尽职调查程序。

如下所列为对任何存疑代表或可能成为或让外界视其为本企业的代理、代表或商业合作伙伴的商业伙伴（合称"特殊代表"）进行额外尽职调查的建议步骤。

一、访谈特殊代表申请人

进行尽职调查的员工（或者首席合规官、法律合规部职员、外部法律顾问）必须访谈拟议的特殊代表，以及参与合同谈判、向本企业提供实质性服务或管理、指导或监督上述服务提供的该特殊代表的员工。访谈应尽可能在该特殊代表的办公地点进行。访谈的主题应包括该代表的资质、声誉、能力、之前的相关经验、该代表的最终实益所有人、同政府官员的联系（如有）、商业关联方、财务信息、银行信用证明人、商业证明人以及将提供合同项下的服务，或者管理、指导或监督该服务提供的个人信息。

二、对特殊代表申请人的《拟合作的商业伙伴信息表》回答的核实

企业应认真核实特殊代表对《拟合作的商业伙伴信息表》的回答（至少抽样检查），并同来自其他途径的信息相比较，包括本企业同该代表的交往经验（如有），以验证其准确性。企业可聘请第三方公司针对该特殊代表开展初步、确证或额外的尽职调查程序。如发现该代表的回答有任何的不正确或误导性、有不一致或该代表没有就相关问题提供令人满意的解释，企业则应认真考虑终

结有关聘用该特殊代表的进一步程序。有关特殊代表的回答或决定停止特殊代表聘用程序的问题必须报告给本企业的首席合规官。

三、访谈证明人

企业应联系并访谈特殊代表提供的证明人，特别是那些本企业熟悉的客户证明人或供应商证明人。企业应至少向证明人询问其对该特殊代表的了解程度（认识其的时间、与其进行接触的程度、该代表的管理和组织结构情况），对该特殊代表的声誉和能力的了解程度，以及与该特殊代表就其企业、职业操守或守法从业方面的具体接触经验。特别需要向该特殊代表的证明人询问该代表以往的业务经验（特别是同拟订合同相关的领域），该特殊代表主要领导者的受教育程度、财务稳定性、对当地业务惯例的了解程度、资质、商业网络、对拟订合同相关信息的掌握情况、业绩、员工和设备的规模与充足程度，以及该特殊代表的客户数量和声誉。

此外，如果根据上述所列一般程序进行的尽职调查显示存在"危险信号"，即商业伙伴的业务经营或声誉存在或可能存在问题（"存疑代表"），进行尽职调查的员工应立即通知首席合规官。针对存疑代表，企业应在首席合规官的监督下，对商业伙伴进行进一步的尽职调查。

"危险信号"如下：

（1）商业伙伴的声誉值得怀疑。

（2）商业伙伴缺少"真实存在的办公地点和人员"，以及履行合同要求所需要的相关资质、经验。

（3）商业伙伴不能或没有提供有信誉的商业和合规证明人。

（4）商业伙伴在政府（任何级别）中任职或与政府官员有家庭、商业或其他密切关系，包括在政府（任何级别）拥有的企业中担任职务。

（5）商业伙伴的陈述或行为不真实或没有进行完全披露。

（6）与商业伙伴甄选或有直接业务联系的员工与商业伙伴存在经济或其他利益关系。

（7）企业各单位的管理人员与商业伙伴存在经济或其他利益关系。

（8）首席合规官在审阅《拟合作的商业伙伴举荐人申请表》的过程中发现任何其他"危险信号"。

在特定情形下，特定的"危险信号"或"危险信号"的数目可能导致企业不与存疑代表签订合同。例如，如果存疑代表提供的服务不符合当地法律、存疑代表不能提供证明人、存疑代表要求不披露其身份或存在某些类型的虚假文件，则企业不得与存疑代表签订合同。

通常，如果不能获得存疑代表的足够信息，或者有信息表明存疑代表有或可能有不当行为，则不能聘用该存疑代表，除非合规委员会进行深入的调查，并全部制成书面文件，合理得出商业伙伴没有参与也不太可能参与不当行为的结论；以及合规委员会获得首席合规官的书面授权同意。在遵守本程序完成调查、审阅及批准尽职调查并同存疑代表签订合同之前，存疑代表不得代表企业开展任何业务。如果企业员工确定第三方有任何不当行为或怀疑有不当行为，应立即报告企业首席合规官。

在某些情形下，即使对某存疑代表进行额外调查后，上述问题仍可能无法解决。如果首席合规官不批准聘用该存疑代表，首席合规官应及时将自己的建议及所有支持性文件提交给合规委员会，由其做出决定。

第四节　合规尽职调查的豁免

对于一定规模的小金额合同或在个别特殊情况下，企业可以向首席合规官申请豁免进行合规尽职调查。

一、小金额合同豁免

对于小金额豁免的要求，企业应在《合规政策》中予以明确；同时，还应决定适用小金额合同豁免的金额限度。该金额限度可以按照实际的经济和市场情况予以调整。

相关的企业业务部门及财务负责人或下属子公司的总经理及财务负责人负责正确决定小金额合同豁免的适用，完成填写《合规政策》中的表格，并妥善保存该豁免申请的所有支持性文件。虽然上述豁免无须首席合规官的事先批准，但是首席合规官有权不时针对上述豁免操作进行内部审计以评估该操作是否遵守此处确立的正确程序，或者是否给企业带来反贿赂法方面显著的风险。如果首席合规官有理由认定该豁免的操作不符合此处所设的程序或将给企业带来显著的合规风险，经与合规委员会协商后有权取消该等豁免申请。

关于小金额合同豁免的申请表格参考如下。

示例：小金额合同豁免表

一、申请小金额合同豁免的条件

1. 不符合条件的商业伙伴类型

如果拟聘商业伙伴系如下所列的任一类型，则其不适用小金额合同豁免：①该商业伙伴是经过本企业公开招标的任何中标人；②该商业伙伴（如受聘）将作为本企业的代理、代表、顾问、咨询者、专业服务提供者、经销商或商业合作伙伴；③该商业伙伴（如受聘）将作为本企业的总承包商。购买零部件及设备或获取维修服务不应被视为适用小金额合同豁免，但为了不中断本企业各项业务运行而在紧急情况下购买该零部件、设备或获取维修服务的情形除外。

2. 申请小金额合同豁免的标准

拟合作的商业伙伴要获得小金额合同豁免的资格，必须符合所有 13 个问题所提供的标准答案。如果任何一个实际情况不符合标准答案，则说明不符合小金额合同豁免的标准，应根据《合规政策》中的规定，对该商业伙伴展开尽职调查并获得首席合规官书面批准。

3.文件存档

若商业伙伴符合小金额合同豁免条件，您可以与该方签约（而无须向本企业首席合规官提交本表格以获得事先批准），前提是本企业的业务部门负责人和财务负责人或下属各单位的总经理和财务负责人共同填写完成并签署本表格，并遵循《合规政策》中有关存档和审计的规定，妥善地存档该表格、与该商业伙伴签署的相关合同及任何其他支持性文档。

二、基本信息

1.拟合作的商业伙伴信息

（1）拟合作的商业伙伴名称：_____

（2）工作性质：_____

（3）地址：_____

（4）项目：_____

（5）谁将负责核实拟合作的商业伙伴的工作状况？_____

（6）拟支付的金额：_____

（7）支付方式：_____

2.申请小金额合同豁免的标准

拟合作的商业伙伴要获得小金额合同豁免的资格，必须符合以下所有13个问题所提供的标准答案；请务必在相应选项框内打钩。如果任何一个实际情况不符合标准答案，则说明不符合小金额合同豁免的标准。

（1）本企业与该商业伙伴拟签订的合同是否包含如下内容？

是□

"[合同中定义的或提及的该商业伙伴名称]在此陈述并保证,其已遵守所有适用的中华人民共和国法律法规及其和本交易及交易双方相关的其他国家法律(包括反贿赂法律法规),并将在[本合同]有效期内继续遵守前述法律法规。"

(2)本企业与该商业伙伴拟签订的相关业务合同的金额是否超过¥＿＿＿?

否□

(3)该商业伙伴是否存在任何"危险信号"(见《合规政策》)或"可疑行为"(见《合规政策》)?

否□

(4)该商业伙伴是否与相关政府官员或政府机构(定义均见《合规政策》)关系密切?

否□

(5)该商业伙伴是否会因为受聘于本企业而将与相关政府官员或政府机构有往来?

否□

(6)该商业伙伴是否提供特殊或非常规的产品或服务(例如:提供任何代理、代表、咨询、顾问、专业性、总承包或分销服务;常规服务,如办公用品供应、餐饮服务或保洁服务等)?

否□

(7)在向其支付前,该商业伙伴是否会提供支付凭证、发票或其他可接受的书面证据?(本企业单位的)该支付是否直接向提供支付凭证、发票或其他可接受的书面证据的人或企业支付?

是□

(8)该商业伙伴提供的是否是零部件或维修服务?该商业伙伴为完成前述

服务是否会与任何其他方签订合同？

否□

（9）您所属的部门、分公司或子公司在过去一年内是否已经批准过针对该代表的小金额合同豁免资格？

否□

（10）拟提供的服务或产品是否在本企业预算范围内？

是□

（11）拟提供的服务或产品是否正由获得批准的另一商业伙伴在同一地区以类似的价格提供给本企业？

否□

（12）该商业伙伴是否正在或已经进行了除公开招投标外的任何形式（如价格或资质）的比选过程？

是□

（13）您所属的部门、分公司或子公司的任何管理人员（包括您本人）、董事，或者本企业总部的任何董事、管理人员是否与该商业伙伴存在任何经济或其他利益冲突？

否□

3. 本企业的相关业务部门负责人对符合条件的商业伙伴给予小金额合同豁免的联名批准

基于上述问题的答案及信息，以及所附支持性文档（包含与该商业伙伴的相关业务合同），以下签字人判断该商业伙伴适用小金额合同豁免。

本人确认：已对本豁免表中的所有信息亲自查证核实，并且该信息完整、准确。一旦察觉到有任何对本豁免表中答案的改变，或者了解到提供给本人或为本人知晓的任何信息在任何方面是不完整或不准确的，本人将立即通知本企业首席合规官。

本人已经亲自接受过本企业的企业合规政策及程序的培训，并相信本豁免符合该企业合规政策及程序。

签名：_____   签名：_____

职务：_____   职务：_____

单位：_____   财务部门：_____

日期：_____   日期：_____

二、个案豁免

对于符合《合规政策》中所载条件的商业伙伴，企业负责与该商业伙伴缔约的企业部门主管可以替选定的商业伙伴申请个案豁免尽职调查程序。要申请此类个案豁免，该举荐单位或部门应填写完成《合规政策》所规定的申请表并提交给企业首席合规官，并为其豁免请求提供充分的资料或解释。此类个案的豁免必须事先申请并只能由企业首席合规官批准。

示例：个案豁免申请表

一、申请个案豁免的条件

1. 若存在"危险信号"或"可疑行为"则不得申请

如果您知晓拟合作的商业伙伴存在任何"危险信号"或"可疑行为"，则您不得替该代表或就聘用该代表申请前述任一个案豁免。

2. 不得申请的商业伙伴类型

属于下列任一类型的拟合作的商业伙伴不得申请尽职调查个案豁免：①该商业伙伴系经过本企业公开招标的任何中标人；②该商业伙伴将作为本企业的

代理、代表、顾问、咨询者、专业服务提供者、经销商或商业合作伙伴；③该
商业伙伴将作为本企业的总承包商。

二、基本信息

1. 拟合作的商业伙伴信息

（1）拟合作的商业伙伴名称：_____

（2）工作性质：_____

（3）地址：_____

（4）项目：_____

（5）谁将负责核实拟合作的商业伙伴的工作状况？_____

（6）拟支付的金额：_____

（7）支付方式：_____

2. 个案豁免的理由和支持文件

（请阐明无须进行尽职调查的充分理由和证明文件。必须提交与该拟合作
的商业伙伴的相关业务合同及《拟合作的商业伙伴举荐人申请表》）

3. 本企业相关举荐单位或部门负责人承诺

本人确认：已对本申请表中的所有信息亲自查证核实，并且该信息完整、
准确。一旦察觉有任何对本申请表中答案的改变，或者了解到提供给本人或为
本人知晓的任何信息在任何方面是不完整或不准确的，本人将立即通知本企业
首席合规官。

本人已经亲自接受过本企业的企业合规政策及程序的培训，并相信本豁免
符合该企业合规政策及程序。

签名：_____　　　　签名：_____

职务：_____　　　　职务：_____

日期：_____　　　　日期：_____

示例：首席合规官关于豁免申请的批准书

根据上述豁免申请及与拟合作的商业伙伴相关的支持性文档，首席合规官决定如下。

批准豁免，就以下原因：

_____

_____

不批准豁免，就以下原因：

_____

_____

签名：_____

职务：首席合规官

日期：_____

第五章

反商业贿赂体系的构建

第一节　反商业贿赂的意义及商业贿赂的界定

一、反商业贿赂的意义

在对外商业活动中，企业采取给予财物或其他手段进行贿赂以获取商业机会、竞争优势或其他利益，即构成商业贿赂。商业贿赂是一种不正当竞争行为，不仅损害相关方的利益，而且严重破坏公平竞争的市场秩序，为各个国家和国际组织立法所禁止。反商业贿赂是任何企业建设好合规体系的前提。企业一旦发生商业贿赂行为，可能招致严厉的处罚，造成经济损失和声誉受损，涉事企业员工个人也将因为违法行为承担相应的行政责任，甚至承担法律责任。

任何企业都应该始终坚持诚实信用原则，致力于维护公平公正的市场竞争秩序，严格遵守所有适用的反商业贿赂法律法规和国际组织公约等，恪守商业道德，坚决反对和禁止一切商业贿赂。企业的每一位员工都要熟悉、理解并严格执行自己企业的《合规政策》要求，任何情况下都不能有商业贿赂行为。员工对《合规政策》的相关内容或遇到的具体情形有疑问时，应咨询首席合规官或相关部门。对怀疑可能发生或已经发生的商业贿赂行为，员工务必向首席合规官或合规部门反映，企业将按照相关规定进行调查处理。

商业贿赂对企业的危害极大，高管可能因为企业的商业贿赂而面临牢狱之灾，企业可能因为员工违规而背负罚款和遭受其他损失。企业要想避免商业贿赂，需要有效、严密且系统的合规机制，既要防范员工违反企业规定，收受、给予商业贿赂，也要防止企业因为对商业贿赂错误的理解，而实行貌似合理却涉嫌商业贿赂的商业行为。

二、商业贿赂的界定

不同国家对商业贿赂的理解有所不同，具体到中国，商业贿赂是指经营者为销售或购买商品，或是服务企业或中介机构为了提供有偿服务而采用财物或其他手段贿赂对方企业或个人的行为。反商业贿赂的法律法规散见于各种法律渊源之中，其中《中华人民共和国刑法》《中华人民共和国反不正当竞争法》和《关于禁止商业贿赂行为的暂行规定》（1996 年 11 月 15 日国家工商行政管理局令第 60 号）等是我国反商业贿赂经常引用的条款，适用于所有行业的市场主体，经营者不得采用财物或者其他手段进行贿赂以达到销售、购买商品或服务的目的。通常，经营者在账外以隐蔽的方式给予对方企业或个人回扣或是财物的，则以行贿论处；相反，对方企业或个人以隐蔽的方式暗中收受回扣或者财物的，以受贿论处。所以，商业贿赂通常是以排斥竞争对手为目的，为使自己在业务活动中获得利益、实现交易的不正当竞争行为。除此以外，我国反商业贿赂的规定还散见于诸多专门领域的法律及政策文件之中，用以规范不同行业的市场主体，这些行业包括医药、保险、商标、建筑工程、招标投标、对外贸易、商业银行、政府采购，等等。

三、商业贿赂的类型

通常来说，商业贿赂行为分为三大类：给付货币类、交付实物类和提供财产性权益类。

（1）给付货币类包括账外暗中支付佣金、提供有价卡（券）、特定关系人挂名领薪、账外暗中支付回扣、附赠、捐赠财物、巧立名目付款与报销、赌博方式支付货币。此处还须特别明确，若给予折扣、佣金均需如实入账。否则，即被认定为构成商业贿赂的违法行为。

（2）交付实物类包括赠送礼品、进行对价不均的实物交易、提供免费使用权。

（3）提供财产性权益类包括以开办公司等合作投资名义，提供公司干股进行分红，接收委托代为投资证券、期货或其他委托理财，提供权益，免除债务等。

四、商业贿赂对企业经营造成的风险

商业贿赂对企业经营造成的风险根据情节轻重、后果大小，可分为以下 4 个方面。

（1）由于商业贿赂，企业被训诫、通报，从而对企业商誉造成不良影响。对商业贿赂中情节轻微、数额较小，违反商业道德和市场规则的不正当交易行为，由行业主管（监管）部门及行业自律组织或工商联等按有关规定给予训诫、通报。

（2）由于商业贿赂，企业进出口资质被降级、被禁止参加政府采购、融资受阻、行政审批和营业执照被取消等，给企业经营工作带来实际困难。商业贿赂中情节较轻、数额较小，违反《反不正当竞争法》和其他法律法规，尚未构成犯罪，给予行政处罚；企业可能因为违规背负罚款和遭受其他损失。

（3）由于商业贿赂，企业负责人和高管可能因为企业的商业贿赂而面临牢狱之灾。商业贿赂中数额较大或者具有其他严重情节，依照《刑法》企业负责人和高管受到刑事处罚。

（4）商业贿赂情节严重者导致企业犯罪，对企业后续的商业活动造成严重的负面影响，上市公司可能会因此退市。

商业贿赂还将被录入行贿犯罪档案。根据《最高人民检察院关于行贿犯罪档案查询工作的规定》，行贿犯罪行为将被录入行贿犯罪档案库。录入后的数据，不可删除或变更。而查询行贿犯罪记录还可能作为行政审批、招标投标、资金拨付、组织人事、行政执法、司法处罚等的必经程序。

五、企业合规避免商业贿赂风险的方法

1. 任何费用均应当明示、如实入账

企业应将所有费用正确列入名目，取得对应相符的发票、收据等有效凭

证，不进行账外暗中的"暗箱操作"或"现金支付"。折扣和佣金的目的往往是扩大销售量，促进企业销售活动；回扣的目的是排除其他竞争者，继而扩大市场份额。在商业贿赂的认定上会根据行为目的进行定性，因此企业在商务活动中一定要明确目的，区分不同，有效规避风险。

（1）如实入账，巧用"折扣"。折扣只能给交易对方当事人，不能给其经办人员。企业尽可能以折扣的形式给予优惠，如实作账，可避免法律风险。现金返利、实物返利、价格折扣、未来的购买额度等方式都是实践中常见的做法，从法律性质上讲，折扣可分为价格折扣和实物折扣。合规操作的价格折扣存在商业贿赂的风险较小。

（2）利用佣金，代替回扣。根据佣金的性质，其属于中间人的劳务报酬。利用佣金可以避免直接给予对方回扣的法律风险，同时达到购销双方的商业目的，但双方必须确认交易、服务的真实性和正当性，并尽可能地签订书面协议，同时该中介机构须有独立地位及合法经营资格。佣金的支付须明示并由双方（佣金支付方和接收方）如实入账。

2.建立反贿赂合规机制，增强风险意识

企业内部要加强合规管理，用反贿赂合规制度约束员工也是杜绝商业贿赂行为的有效措施之一。代表企业从事经营活动的工作人员进行贿赂的，往往会被认定为企业行为。当企业被指控实施贿赂时，企业的领导与高管往往也被牵连其中。因为造成企业不当行为的原因很可能是企业主管人员疏于管理、懈怠职责，对工作严重不负责而失察，致使所属部门或企业成员放任自流而实施了企业贿赂行为。为防止员工以非法手段损害企业的利益，在利益分配上要制定灵活的分配制度，以提高员工的积极性。同时，企业应健全各种规章制度，从源头上杜绝商业贿赂的发生，加强合同管理，以避免员工的非法交易影响企业的利益。如果需支付佣金，则必须在企业统一政策的安排下以合法形式进行，切忌抱有侥幸心理。对于重要岗位要实行适度轮岗制，企业也可以建立独立的

检查部门，时常走访检查，做到防微杜渐。

近年来，国务院国资委和发改委对企业合规出台了相应行政规章给予指引和要求，最高人民检察院也在大力推进刑事合规制度，对于拥有合规体系的企业在涉及政府执法特别是涉及单位合规方面，明确了合规不起诉的一些要点，但尚无明确、可见的奖励。经营者已制定合法、合规、合理的措施，采取有效措施进行监管，经营者如能举证自身已建立较为完备的内部控制体系和合规制度，并对商业贿赂行为进行了有效的制度防范和打击，那么或可豁免因员工的贿赂行为而导致的经营者商业贿赂责任。

在刑事层面，司法机关在判断企业是否应当承担刑事责任时，通常会考虑以下因素：①有无为企业非法牟利的目的；②是否由企业决策机构按决策程序做出；③是否以企业名义实施；④是否与企业的业务有关；⑤违法利益是否归属于企业，等等。因此，实务中，企业是否有有效的合规制度，是否针对特定违法行为有成文的禁止性规定，在业务开展过程中有无对职务权限、决策流程和利益归属方面进行建章立制或采取有效的监督控制措施，等等，均可作为区分是企业责任还是个人责任时的一项有利的抗辩证据。

因此，在企业内部建立一套能够充分预防贿赂的有效合规体系将可能构成企业犯罪时领导免责的有效抗辩。

六、执法机构反贿赂调查的应对方法

无论面对执法还是司法机构的调查，企业都应该及时响应，积极配合，理性应对。

1. 及时开展自我调查

在接到相关部门的通知后，被调查企业及时开展内部自我调查十分重要，可以聘请律师团队，完成初步分析，确定抗辩策略，收集抗辩证据，撰写抗辩材料等。内部调查有助于企业全面了解所涉问题、评估责任，并有效开展下一步工作。

2. 积极响应、配合调查机关

很多执法机构将被调查方的配合态度作为量刑的因素之一。例如在美国的 FCPA 执法调查中，执法机构将企业对非法行为的自报（self-report）、对调查的配合（cooperation）和补救努力（remedial efforts）作为权衡行动的最基本考量标准。

如果被调查企业不积极配合，则可能丧失合法权利。例如世界银行通常会在调查函中给予企业一定的抗辩期限，在该期限内，如果被调查方没有提供任何书面回应，则世界银行廉政局（INT）会认为企业对当前的指控没有反驳意见和证据，从而直接进入制裁裁量的阶段。这等于被调查企业放弃了自我抗辩和配合调查的机会。而根据世界银行的相关制裁规定，积极配合调查将为企业争取到减轻 1 ～ 3 年或减轻 50% 幅度的情节。

3. 合理抗辩，争取权利

调查初期，执法机关一般会依据现有证据得出初步意见或者初步的处罚建议。面对执法机关的初步意见，我们建议企业从实际出发，基于真实的调查情况，剖析法律法规与事实，理性寻找抗辩突破点，仔细并合法地收集相关证据。通常，执法机构对于被调查企业提供的合理合法的抗辩意见和证据都会有一个审核过程，如果认为证据充分，有可能会采信被调查的抗辩意见。

4. 重视处理结果

执法机构的调查并不必然意味着定罪、起诉，如果是面对 FCPA 的执法和指控，执法机构有可能与被调查人达成认罪协议、签订延迟起诉协议、签订不起诉协议或决定不起诉。比如被世界银行裁定制裁的企业，企业在收到制裁程序通知后，还可以选择以下救济途径：①提交书面解释，要求撤销或修改制裁措施；②如果不同意撤销或修改制裁措施，可继续向制裁委员会申诉；③直接向世界银行制裁委员会申诉。

七、中国企业建立反贿赂合规制度的建议

如前所述，不少国家和国际组织在进行制裁或处罚时，都会将企业合规计划列为量刑要素之一。因此，加强合规工作已成为企业健全内部管理的一个趋势。细节决定成败，企业对于合规工作不但要高度重视，还应努力落实到细节。

1. 识别并评估企业的反贿赂合规风险

企业需要根据法律政策、经营环境、所属行业、内部组织结构、决策流程、日常运营、商业伙伴等基本情况，聘请专业合规律师对企业的商业贿赂风险进行审查，识别并评估企业重点业务领域和环节的贿赂合规风险，并给出相应的合规建议。

2. 制定企业反贿赂合规政策

一套成文、有效的反贿赂合规政策及配套的具体操作流程（比如：采购、招投标、业务招待与差旅报销标准、权限、流程等），不但可以帮助企业在日常经营中规范员工的行为，还可以在企业应对违规事件中向执法机关进行举证，作为企业已尽到审慎的注意义务的抗辩。合规守则、指引等应当确保分发给员工，并使员工充分知晓其内容，尤其是重点业务领域和环节的员工。

3. 定期完善的合规培训

企业应当采取必要的措施，定期面向企业高管、合规人员、普通员工、企业的代理人以及第三方合作伙伴，进行相关法律、法规、内部规范的培训、教育，以提升员工的合规意识，预防商业贿赂行为。

4. 制定内部和外部的会计控制程序

无论是美国的 FCPA，还是英国、法国的反腐败法规，均要求企业确保会

计账簿、会计记录和会计账目准确、完整，不被用来掩盖贿赂行为。此类会计控制措施既可以由企业自己的财务和审计部门完成，也可以由外部会计师按照所在国的相关商业法律和会计准则的规定完成。

5.建立调查举报机制

企业应当结合实际建立违规的内部预警系统和投诉举报机制，以便收集员工提供的关于违反行为准则的线索或信息；通过内部调查流程等及时发现并处理违规的行为；针对违反《合规政策》中有关反贿赂内容的员工，建立相应的惩处机制；针对发现的商业贿赂行为，在本企业的《合规政策》中设定补救等机制。

6.健全的执行及监督体系

"徒法不足以自行。"建章立制之后，更为重要的是企业应当确保自身有效地实施反贿赂合规政策，定期开展自查，如项目执行与支付的审核、费用报销合规管控、定期合规检查与专项合规检查、针对投资项目和子公司的投资后合规管理等，对高风险的第三方也可以建立黑名单及观察名单等。此外，企业也可以聘请外部律师和审计师，加强反贿赂审计和监督，发现贿赂风险时，及时、主动、积极处理。

7.重视商业伙伴等第三方的合规并纳入合规体系

在商业经营中，第三方可以包括供应商、代理商、顾问、经销商、服务机构等商业伙伴。在与第三方合作时，企业应在第一时间将企业合规政策明确告知商业伙伴，并取得商业伙伴的合规承诺。对于第三方，企业可以进行必要的尽职调查，包括专业资质、商业信誉、涉诉信息、行为记录等。对第三方在商业交易中的角色定位，企业应当审慎地审查并评估风险，对第三方的支付也应审核付款目的、金额、时间等要素，判断其是否符合交易惯例。

第二节　特殊支出管理

一、礼品和招待

在开展商业活动时，赠送适当的礼品和进行适当的招待是一种商业惯例，有利于建立良好的商业伙伴关系，这是被允许的。适当的礼品是指小额的、具有象征纪念意义的、符合时机和场合的礼品；适当的招待是指符合规定标准的用餐等招待。礼品和招待的具体标准按照企业有关履职待遇、业务支出及外事接待等方面的制度规定执行。没有相关制度规定和标准的，各企业可根据实际情况自行制定。

对外提供礼品和招待要严格按照企业相关规定和标准执行，履行审批和登记程序。以下礼品和招待不能对外提供：

（1）法律禁止流通的物品及不符合公司和所在企业规定的。

（2）现金和购物卡、消费卡、商业预付卡等支付凭证及贵重物品。

（3）股票、债券等有价证券。

（4）安排去旅游景点旅游、健身娱乐场所进行娱乐活动，以及观看商业演出和赛事等。

（5）其他可能产生商业贿赂风险的礼品和招待。对外提供礼品和招待不能向商业伙伴的家庭成员和其他亲属提供，也不能在短期内向同一对象多次提供。

企业不允许员工个人承担费用对外提供礼品和招待。员工个人接受礼品和招待要遵守企业规定，对于不符合相关要求和标准的，不能接受；对于无法当时判断价值的礼品，接受后要对礼品价值进行评估，确定不符合要求或超过标准的，要退回；无法退回的，要向上级领导报告，并交由相关主管部门进行处理。

一些国家和地区对向政府及执法机构工作人员提供礼品和招待有更加严

格的规定，向以上人员提供不当的礼品和招待可能会引起反商业贿赂调查，所以本企业在处理与政府及执法机构的关系时，应持更加谨慎的态度，严格遵守相关法律和政策要求。特别是在海外开展业务的过程中，原则上不得向政府及执法机构工作人员提供礼品和招待，只有在当地法律允许的情况下，企业才可以提供符合规定和标准的礼品和招待。在实际工作中可能遇到各种情形，不能一一列举，员工应按照相关制度及上述基本原则和要求，判断和决定是否可以提供或接受。当不知如何处理时，请咨询上级领导或相关主管部门。

二、回扣、折扣和佣金

在对外交易过程中，在不违反法律和企业制度规定的前提下，确因交易需要，企业可以给予相对方回扣，回扣应当是明示的，并且要真实记载在财务账目中。企业也可以公开接受相对方回扣，但必须如实入账；员工个人在企业经营活动中不能接受任何回扣。

在销售产品和提供服务的过程中，企业可以给予相对方折扣，但折扣必须是明示的，在同等条件下要一视同仁，不能区别对待。企业可以聘用具有合法经营资格的中间人为企业提供服务，可以给予中间人佣金作为报酬，但佣金支出应真实记载在财务账目中；员工个人在企业经营活动中不能接受任何佣金。

三、捐赠和赞助

捐赠和赞助是企业对外进行无偿赠与，参与社会事业和社会建设的公益性活动。反商业贿赂法律并不禁止捐赠和赞助，但不允许为了获取不当利益进行捐赠和赞助。因此在进行捐赠和赞助时，主办部门要充分考虑是否存在商业贿赂的风险，对受赠对象进行必要的调查和判断。原则上受赠方不能是政府及其工作人员。即使是员工个人的自主捐赠和赞助，也必须确保不代表公司进行，并且不以为公司获取不当利益为条件。同时，对外进行捐赠和赞助，企业必须按照公司制度规定严格履行审查审批程序。此外，企业在境外开展业务活动时不参与和政治有关的捐赠，不以直接或间接形式向任何国家和地区的政治候选人或政党提供政治献金。

四、疏通费

疏通费是使行政或司法机关及其工作人员加快或保证履行其原有义务而支付的小额款项。疏通费是一种额外费用，可能会构成商业贿赂，因此一些国家明令禁止支付疏通费。为加急办理相关事项，依照行政或司法机关公布的收费标准，支付且收取凭证的费用不属于疏通费。企业原则上应禁止任何员工支付疏通费。但是当员工的生命安全、企业资产处于危急状态时，不得已而支付的款项是允许的。发生这样的情况时，员工须立即向相关主管领导报告，相关费用应准确记录在财务账目中。

五、招聘

商业贿赂有很多种形式，为政府部门工作人员或相关利益关系人的亲属提供工作机会或实习机会也可能构成商业贿赂，特别是如果招聘是在不公开透明的情况下进行的。因此，本企业在招聘录用员工时，要严格按照制度规定，确保招聘流程公开、透明，并且确保招聘对象符合企业的招聘条件和要求，禁止针对特定对象采用暗箱操作的方式或降低标准录用；对招聘录用人员在同等条件下要一视同仁，不在薪酬待遇、晋升和奖励惩处等方面给予特殊照顾。

六、商业伙伴

商业伙伴包括供应商、承包商、分包商、代理商、分销商及合资合作方和客户等，商业伙伴在与企业商业往来中的商业贿赂行为，不仅会给商业伙伴自身带来风险，也可能给企业带来影响，使企业遭受经济损失和声誉损失。特别是在某些情况下，商业伙伴为了企业利益进行商业贿赂时，本企业需要承担直接的、严格的责任，甚至是法律责任，因此本企业必须加强对商业伙伴的监督管理。

通过招标形式选用商业伙伴，企业应在招标书中对投标人提出明确的反商业贿赂要求，确保投标人在投标时做出反商业贿赂承诺。对商业伙伴实行准入制度的，企业要将良好的合规表现作为准入条件之一，在准入前进行相应的调查。通常情况下，代理商、分销商的商业贿赂行为由企业直接承担责任，因此在选用中要特别注意反商业贿赂风险防控；尽量不使用代理商、分销商；必须使用的情况下，须做更加详尽的尽职调查。在海外开发新项目等过程中，企业必须聘用居间人（中间人）、顾问的，为防止商业贿赂风险，不能聘用政府部门工作人员或前政府部门工作人员，并要进行详尽的尽职调查。

合规尽职调查内容非常广泛，但最少要包括以下5项内容：

（1）近年来是否有过商业贿赂等违规行为。

（2）该企业是否曾经因违规被追究过责任。

（3）该企业是否因违规被列入相关国际组织或知名企业的黑名单。

（4）该企业实际控制人、股东和高管是否与有关政府部门有特定的影响公正的利害关系。

（5）该企业是否有与反商业贿赂防控有关的企业合规政策和程序。

合规尽职调查可与其他尽职调查同步进行，各企业可以根据实际情况确定合规尽职调查的具体要求和标准。

与商业伙伴签订合同时，企业应将自身的反商业贿赂政策和要求传达给商业伙伴，并将反商业贿赂要求纳入合同条款，确保商业伙伴满足以下要求。

（1）遵守适用的反商业贿赂法律和企业相关制度要求，不提供或接受任何贿赂。

（2）保存以企业名义或代表企业支付的所有款项和费用的记录，允许企业出于审计目的查阅相关账簿和记录。

（3）将相关的商业贿赂行为作为合同终止条件之一，并明确相关违约责任。

在合同履行期间，企业要持续监督以确保商业伙伴遵守反商业贿赂要求。如果发现商业伙伴出现商业贿赂行为，企业应依据合同约定停止向其支付合同费用，并追究相关责任。企业要对商业伙伴开展合规评价，将合规表现作为对商业伙伴的评价内容之一；对违反合同约定、有商业贿赂行为的商业伙伴，采取纳入失信黑名单等禁止准入和不得继续选用的措施。

七、会计账簿和记录

商业贿赂行为往往涉及不准确的会计账簿和记录，因此，企业的交易和资产处置必须严格遵守相关程序，获得必要的授权，并且按照适用的会计准则准确进行财务记录。账簿和记录的内容应是详细的，准确、及时地反映所有交易和其他业务活动。企业应确保任何账簿和记录不记载有任何虚假、伪造或误导性的信息。禁止"账外"行为和开设秘密账户。

第三节　业务活动中的反贿赂和反欺诈防范问题

一、利益冲突

在企业商业活动中有可能出现企业利益与员工或股东利益发生冲突的情况，企业合规政策需要明确所有的商业决定都应以企业利益为先，禁止任何员工在企业的业务活动中为个人谋取私利。当员工的个人利益可能影响该员工客观、合理的判断以及对企业的忠诚义务时，就可能出现利益冲突。例如，某项业务涉及员工本人、其亲属或朋友的利益，或者企业的某一领导、其亲属或朋友在合作的商业伙伴中拥有股份、担任任何职务或存在其他经济利益关系。在此情况下，相关员工和任何知悉存在利益冲突情况的员工都应该将可能出现利益冲突的情况报告给其上级领导或首席合规官，以确定是否需要进行回避。

二、签订合同

企业必须与所有的商业伙伴签署书面合同。在企业同意与商业伙伴签订或重续签订合同之前，企业负责员工必须按步骤确保商业伙伴将遵守反贿赂法和《合规政策》。为避免疑问，下列程序是对企业有关合同管理规定中既有的应适用要求的补充。

就反贿赂和反欺诈的相关要求，首席合规官审查与商业伙伴的合同条款后，企业方能同该方签订合同。然而，对于因合同金额低于上述小金额合同豁免标准（仅限于这一理由）而免于尽职调查的商业伙伴，相关下属公司的总经理可以在没有首席合规官事先批准的情况下，批准与该商业伙伴签订合同，但前提是所有与该商业伙伴聘请或签订合同相关的，在《合规政策》项下的要求和条件须得到遵守。

根据《合规政策》，商业伙伴签署合规证书后，企业方能与可能成为或让外界视其为本企业的代理、代表或合作伙伴的商业伙伴签订合同。

示例：合规证书

致：

呈：首席合规官

本人代表本公司在此证明：

1. 本公司已收到贵公司《企业合规政策与程序》(或其相关内容齐全的节选本)。

2. 本公司所有与贵公司有任何业务往来的人员已阅读了企业合规政策并理解其内容。

3. 就本公司最大限度所知，本公司与贵公司的所有业务行为均遵守企业合规政策及其中所述的反贿赂法。

4. 本公司一旦察觉与贵公司业务行为中存在任何对贵公司企业合规政策或其中所述的反贿赂法的违反行为，将立即通知贵公司。

公司名称：

公司公章：

法定代表人或授权代表姓名（印刷体书写）：

职务：

日期：

三、合同必须包含反贿赂和反欺诈内容

任何与商业伙伴达成的合同中都应当包含下述所列。

（1）除非首席合规官根据《合规政策》免除或豁免调查，否则针对任何商业伙伴，公司与其达成的协议都应包含反贿赂陈述、保证及承诺，且该承诺应当不定期予以修改和更新。在聘用该商业伙伴或准备与该商业伙伴签订合同之前，任何简化该语言限制性的实质性修改，必须经首席合规官批准，才能在与该商业伙伴的合同中得到简化。

（2）当商业伙伴违反相应的反贿赂法或《合规政策》时，本企业有权以此为理由终止合同。

（3）商业伙伴同意提供详细发票或账单（发票或账单应准确描述其在合同下所提供的具体服务）作为本企业根据合同进行付款的条件。

（4）商业伙伴同意就其根据合同条款所实际提供的服务，在出具必要的票据和文件后，接受付款；支付条款应清晰明确。

（5）非经本企业同意不得转让合同。

反贿赂陈述、保证及承诺条款可以以增加合同条款的形式加入已有的合同文本中。或者，如果合同双方被限定于使用固定格式合同而无法在合同中插入上述反贿赂陈述、保证及承诺条款，该商业伙伴须提交一份反贿赂陈述、保证及承诺函。

以下为《反贿赂陈述、保证及承诺函》样表。

示例：反贿赂陈述、保证及承诺函

致：

呈：首席合规官

鉴于，［商业伙伴名称］公司（以下称"我公司"）与贵司就［　］事宜（以下称"此交易"）协商一致，我公司与贵司并就此交易订立了［合同名称］（"此协议"）。在此我公司和贵司就此交易和此协议做出如下陈述、保证和承诺，本函构成此协议不可分割的部分。

1. 反贿赂陈述与保证

1.1　我公司、我公司任何子公司［或关联方］或任何董事、管理人员、代理、员工，或者任何其他以我公司、我公司任何子公司［或关联方］（单独或共同均称"我方"）名义行事的人，均从未违反并将不会违反中华人民共和国的反贿赂或反腐败法律，包括但不限于《中华人民共和国刑法》第 93 条、164 条、389 条、391 条、392 条及 393 条，《中华人民共和国反不正当竞争法》第 8 条和第 10 条，以及《关于禁止商业贿赂行为的暂行规定》或在任何相关国家或地区的任何其他适用的地方反贿赂或反腐败法律（合称"反贿赂法"）。

1.2　我公司将以本公司而非他人代理的身份根据本协议收取报酬，并且该等报酬将不会向任何第三方支付、转让或与其分享，但支付合法费用和开支除外。

2. 反贿赂承诺

2.1　我方承诺不得：①直接或间接地向任何政府官员提供、支付、赠与礼品或任何有价值之物，包括回扣，从而不正当地影响该政府官员或为了获取不当利益；②承诺做出上述行为；③授权做出任何上述行为；④做出任何其他会导致此函1条下之陈述与保证虚假或不准确的行为。

2.2　我方不知晓其任何员工、代理或销售代表向政府官员提供、支付、赠与礼品或任何有价值之物，或者承诺或授权做出以上任何行为，为达到以下目的：

（1）第一，影响该政府官员的任何公职行为或决定；第二，引诱该政府官员履行或不履行其法定职责；第三，获得任何不当好处；第四，引诱该政府官员影响任何政府机构的行动或决定。

（2）协助贵司、其任何股东、子公司或关联方或我方获取或保留商业机会，或者给予贵司、其任何股东、子公司或关联方或我方商业机会。

2.3　我方在此承诺并同意：①及时回应贵司或其审计师、法律顾问发出的任何有关上述1条下陈述与保证的通知，并提供合理具体的信息；②在贵司或其审计师、法律顾问要求下提供证明其回应的书面文件**【注：除非针对贵司的代理、代表或商业伙伴，否则删除以下非斜体方括号里的内容】**；③在此协议期间，（x）为核实我公司对1条的陈述与保证的遵守情况为目的，以及（y）与任何政府机构对贵司商业活动的任何调查有关，在贵司要求下允许贵司及其审计师、法律顾问不时地查阅相关账簿和记录。

2.4　**【注：以下仅适用于可能成为或让外界视其为贵司的代理、代表或者商业合作伙伴】**在签订［本协议］前以及［本协议］有效期内的每一年，代表我公司的董事会主席（或法定代表人）、总裁（首席执行官或总经理）、首席财务官（或财务负责人）、法律总顾问（或首席法务官或法律及合规负责人）及与贵司开展具体业务的负责人员应当共同签署一份《合规证书》或**【注：以下适用作为贵司的任何供应商、普通承包商或普通服务商的商业伙伴】**在［本协议〕有效期内，代表我公司的董事会主席或法定代表人应当每两年签署一份《合规证书》。

就此反贿赂陈述、保证及承诺函而言，"政府机构"一词是指中国或外国的（中央或地方）政府或政府部门、代理机关或执行部门，包括政府所有或控制的任何实体或企业，任何执政党或者公共国际组织，如世界银行或联合国等。

就此反贿赂陈述、保证及承诺函而言，"政府官员"的定义包括：

（1）任何通过竞选或被任命在中央或地方立法、行政或司法政府系统中担任职务的人。

（2）为政府机构或私人企业行使公共职能的人（例如，国营航空公司或其他公司的官员）；为政府机构行使政府职能的官员、雇员或其他人，包括虽不受雇于政府但为政府办事的人（例如，为协助特定项目或合同而受聘的私人建筑师、工程师或顾问）。

（3）国际公共组织（如世界银行、国际货币基金）的官员或代理。

（4）政党的官员或代理。

（5）政界职位的候选人。

这个定义本身没有包括政府官员的亲属或前官员，但是如果支付给这些人的意图或目的是影响现任政府官员或政府机构以获取不正当利益，也将被认定为违反反贿赂法。

上文中"政府机构"意为中国或外国的（中央或地方）政府或政府部门、代理机关或执行部门，包括政府所有或控股的任何实体或企业、任何执政党或国际公共组织，如世界银行或联合国等。

我公司同意绝对遵守反贿赂法对于贵公司是至关重要的，如果贵公司发现我公司有任何违反《企业合规政策与程序》或反贿赂法的行为，贵司可采取适当的行动，包括终止本协议。

承诺方公司：_____

法定代表人 / 或授权代表姓名（印刷体书写）：_____

法定代表人 / 或授权代表（签字）：_____

职务：_____

公司公章：_____

签订日期：_____

四、合同内容审查

业务人员和首席合规官在审查合同内容时，应对自身的业务人员或商业伙伴的疑似欺诈或腐败行为予以特别关注。大多数情况下，商业伙伴要求较高的费用或佣金不能作为确定其腐败意图的决定性依据。但是，若费用过多地高于商业伙伴所提供的服务应得金额，则意味着款项的一部分已经或有可能被该商业伙伴作为贿赂而支付给政府官员。因此，员工须警惕异常高额的费用或佣金要求，并且在可能的情况下，积极争取合理的费用安排。例如，如果某一合同存在以下条款或要求，即应被认为可能存在欺诈或腐败风险（"可疑行为"）。

（1）在合同项下，向商业伙伴支付的金额（或其他经济利益）与其提供的服务不成正比或明显偏离市场价格。

（2）合同中存在不寻常的奖金或额外支付、超过常规的或大额度的预付款，或者给予新客户不寻常的大额赊账额度。

（3）商业伙伴要求本企业支付特定数额的款项以"获得商业机会""进行

必需的安排"或"锁定交易"。

（4）合同金额通过非直接途径或非正规方式进行付款，账外支付或合同中有不寻常或值得怀疑的付款条款。

（5）商业伙伴或本企业的业务人员要求不在合同里对付款的数额、账户详情、收款人进行完整的披露。

（6）用现金或无记名有价证券的形式进行支付。

（7）向没有直接参与到合同中的第三方进行支付。

（8）在商业伙伴主营地国家或服务提供地国家以外的其他国家或地区进行支付。

（9）商业伙伴拒绝提供合规承诺或保证。

（10）商业伙伴或本企业的业务人员要求不披露身份。

（11）商业伙伴或本企业业务人员要求对合同项下的支付不进行适当的记录或不向政府报告。

（12）商业伙伴或本企业的业务人员要求对特定的发票日期进行回溯或更改。

（13）商业伙伴或本企业的业务人员要求篡改文件或其他类型的作伪。

（14）商业伙伴拒绝在与本企业签订的书面合同中纳入符合适用法律的条款。

（15）首席合规官在审阅合同的过程中发现的任何其他"可疑行为"。

五、招投标活动

任何部门、分公司、子公司或控制的企业参与投标活动、签订和履行相关合同时，除了遵守《合规政策》的规定，还应遵守中国和有关国家有关公开招投标的法律和法规及《招标投标管理办法》。

六、资料信息的提供

企业向任何第三方提供可能影响第三方商业决定或行为的资料信息或做出的陈述与声明都必须真实、准确、完整。首席合规官负责统一管理与企业的资质、参建项目、公司信息、人员构成等有关的各项事实性的信息和资料。

七、聘请外部法律顾问

虽然在多数情况下，首席合规官拥有足够的合规方面的经验和知识来审阅本企业与商业伙伴的合同草稿，然而在某些情形下（特别是涉及海外项目和适用非中国法律的合同），首席合规官可以聘请外部法律顾问来审阅合同，以确保合同的所有条款均符合《合规政策》和适用的法律。

企业可以从外部法律顾问处获得意见，或者在某些情形下，可以要求商业伙伴从外部法律顾问处获得意见。但是，作为企业与商业伙伴签订合同的条件，企业应保留对商业伙伴指定的外部法律顾问的事先批准权。如果由商业伙伴从外部法律顾问处获得意见，企业负责员工有责任与首席合规官一起合作，以确保商业伙伴指定的外部法律顾问有良好的声誉并不存在任何相关的利益冲突。

八、合同存档规定

所有经审查批准的合同、审查意见、合同签署或招投标过程中向第三方提供的信息、外部法律顾问意见等文件必须由企业相关人员进行存档管理，并向首席合规官提供一份复印件。

在合同管理方面，企业签订的合同应约定与不当行为相关的合同义务和责任。例如，约定当商业伙伴出现某种不合规行为时，企业有权解除合同。在决策方面，世界银行集团发布的《诚信合规指南》要求确保企业决策流程和决策者资历与交易价值、违规风险相一致。

第四节 合同签署后的合规监督

企业必须确保商业伙伴对与其签订的所有合同，无论是采纳《合规政策》之前签订的还是之后签订的，都应进行定期的监督和重新认证。由首席合规官执行的定期监督应包括对之前尽职调查文档中保存的信息进行更新，不仅审查合同执行过程中的合规性还要审查向商业伙伴做出的所有支付。首席合规官将负责确保对所有商业伙伴的重新合规认证和监督程序得以及时执行，具体包括以下工作。

一、及时通知

对于在与商业伙伴的商业交易和合同履行过程中发现的"危险信号""可疑行为"或其他不符合《合规政策》的行为，企业的所有员工都有义务立即向首席合规官汇报，立即制止并展开调查，进行适当处理。

二、商业伙伴的再认证

除非根据小金额合同豁免程序已经获得豁免，企业对其商业伙伴应定期通过更新合规证书进行再次认证。具体做法：对于任何作为本企业的代理、代表或合作伙伴的商业伙伴，必须每年重新认证该方，并要求其重新签署一份《合规证书》；而对于任何其他类型的商业伙伴，必须每两年对其重新认证，并要求其重新签署一份《合规证书》。

三、审查支付

财务人员应审查本企业或商业伙伴所提供的相关发票以确定其完整和准确，并在本企业的账簿中准确记录，且符合合同约定的金额和支付方式。对应合同的业务人员应确保所有的支付都符合合同约定。如发现支付的方式方法或对支付的会计处理发现任何"可疑行为"，企业应立即制止并展开调查，进行适当处理。

四、处理结果

合同履行审查或重新合规认证程序中发现的任何不合规问题、调查结果和处理意见，都应汇报给首席合规官。首席合规官应按照事件的严重程度决定是否参与调查，但是所有问题的处理意见都应获得首席合规官的批准，如需终止与商业伙伴的合同或合作，需要首席合规官的参与，以确保遵守适当的程序和法律并减少因不当终止对本企业带来的索赔。

五、存档

与合同签署后的尽职调查相关的文件证明应被存放于商业伙伴的尽职调查文档中，与合同执行监督程序相关的文件证明应被存放于相应的合同档案中。

第五节　具备高风险性的特殊支出合规审查

从反贿赂和反欺诈角度来看，本节列出的支出属于高风险性的特殊支出，应遵守本节的规定和审批流程。

一、礼品、招待和差旅费用

向政府官员提供礼品、招待和差旅费用，或者为其支付上述费用可能违反反贿赂法及《合规政策》。一般而言，禁止向政府官员提供不在《合规政策》

下所允许的礼品、招待和差旅费用。仅作为友谊或简单礼节体现的一般互换意义的礼品不构成对反贿赂法或《合规政策》的违反。判断是否违反《合规政策》的关键是，打算向政府官员提供的有价值之物意图被用于或可能被理解为用于影响该政府官员的行为，从而给本企业或其代表带来利益。

在任何情况下，员工必须取得首席合规官的书面批准后，方能给予政府官员任何有价值之物（基于"礼品、招待和差旅费用准则"的规定而免于事先书面申请批准的该类礼品或招待种类除外）。除其他因素外，应当考虑：①发生地国家的法律是否允许提供该有价值之物；②在当时情形下，提供该有价值之物是否是合适的；③提供该有价值之物是否有直接的商业目的。

下述差旅费可能是适当的：直接与推广、展示或解释本企业的设施或服务相关而为政府官员支付的合理且真实的差旅费，或者直接为与政府机构签订或执行某一合同而产生的差旅费。实际上，为推广、展示或解释设施和服务之目的，企业不时自费邀请政府官员到本企业所属的工地、办公地点及展厅进行工地参观或商务会议。企业可能会为政府官员报销与任何上述目的直接相关的合理且真实的费用，如差旅费或住宿费用。差旅费报销可以包含该政府官员的交通、餐饮、住宿和招待的合理开销。为任何政府官员所产生的所有差旅和招待费用，必须经首席合规官的事先批准，且未经首席合规官批准首席财务官不得批准该笔费用。

上述事先批准政策并不排除与政府官员进行未预见或未事先安排的会面以讨论本企业的业务。在该情形下，事先批准不是对费用进行报销的前提要求；然而，费用应当合理且真实，并符合《合规政策》。

二、捐款和赞助

1. 慈善捐款

慈善捐款是指自愿地以金钱或非金钱形式给予他人并且不求回报的赠与。

给予行业协会的捐款或会费一般有商业目的，因此不属于慈善捐款。

代表本企业或下属企业所做的任何慈善捐款，必须符合下列条件：

（1）符合相关的法律规定。

（2）并非为了获取任何商业利益或优势。

（3）只能向合法登记并有较高声誉的慈善机构进行捐款。

（4）捐款的目的必须具有慈善性质。

（5）捐款的金额、用途等公开透明，并公开捐款及对接受方信息进行公示。

（6）不存在任何可能违反反贿赂法的情形。

2. 赞助

赞助是与第三方进行的互利合作，形式包括金钱、产品、服务等。

代表本企业或下属企业所做的任何赞助，必须符合下列条件：

（1）符合相关的法律规定。

（2）并非为了获取不公平的或非法的商业利益或优势。

（3）只能与合法登记并有较高声誉的第三方机构进行合作。

（4）赞助的金额、用途等必须合理并且公开透明，并公开赞助及对接受方信息进行公示。

（5）不存在任何可能违反反贿赂法的情形。

（6）必须签署书面协议。

三、审批及监督

所有的捐赠和赞助以及相关协议都需经首席合规官批准。申请部门的员工应填写并递交《捐赠和赞助申请表》。

实施捐赠和赞助的部门应当确保捐赠和赞助的过程和结果符合《合规政策》要求，并保留所有相关收据和文件备查。

四、便利费

应当严禁一切性质和形式的便利费。便利费是指直接或间接给予政府官员的费用或礼物，以使其为企业提供某些便利或加速某些事项。无论便利费在当地是否普遍存在，都是《合规政策》所明令禁止的。

五、提供礼品、招待和差旅费用的适当行为与不当行为

1. 适当行为

（1）合规政策培训的要求。首席合规官应确保本企业参与客户或顾客招待活动或政府关系活动的每一位员工均已完成其应有的反贿赂合规培训。

（2）事先批准的要求。企业任何员工或部门必须填写《礼品、招待和差旅费用申请表》，取得首席合规官的书面批准及经过审批程序后方能向政府官员提供任何礼物（下文所述的两类礼品除外），或者直接为政府官员支付差旅或招待费用（下述定义中免于批准的与政府官员的餐饮招待费用除外），或者报销政府官员的差旅费或招待费用（免于事前审批的餐饮招待费用除外，详见下述规定）。

（3）提供礼品的适当行为，具体如下。

- 提供小金额象征性、纪念意义的礼品（免于事先批准）。员工为政府官员提供的任何礼品不应超过由合规委员会批准的象征性、纪念意义礼品的小金额价值（例如：便宜的 USB 移动存储器、T 恤或带有本企业标志的小金额的纪念品）。制作和储存一批这样的纪念品需要得到合规委员会的监管和批准。向政府官员赠送这类礼品无须首席合规官事先书面批准，然而为了记账及审计，行政管理部应保存上述礼品分发的适当资料。

- 节假日礼品（有条件地免于事先批准）。针对两个中国传统节日——中

秋节和春节（仅限于这两个节日），员工或有关企业可以向政府官员赠送月饼、地方特色食品或具有象征意义的适当价值的礼品，但前提是赠送此类礼品给政府官员要符合：①不是意图用于或可能被理解为用于影响该政府官员的行为从而给本企业或其代表带来利益；②向每位官员赠送的礼品金额不超过人民币 200 元，如果向正、副省部级及以上外宾人员赠送礼品，则每人次赠送礼品不得超过人民币 400 元（该金额可每年由合规委员会根据物价变动情况进行调整）。对所赠送的礼品，有关员工或企业必须保存适当和正确的档案记录，并将记录提交给首席合规官及总经理办公室。首席合规官应核查并确认同一政府官员未在任何其他场合接受过本企业的任何礼品（上述本企业小金额象征性、纪念意义的礼物除外），或者所赠送的礼品的数量或市场价格均不超过上述支出或报销限制政策的规定。[①]

- 除了上述两种之外的礼物，一般不允许赠送给政府官员其他任何礼品。员工可以特殊申请豁免本规则，但必须填写《礼品、招待和差旅费用申请表》，以及披露首席合规官可能要求披露的其他额外信息，以获得书面批准。

- 向前来访问的政府官员提供任何礼品（上述两种无须事先批准的礼品除外）都需要事先获得批准，并将完整的礼品记录报告给首席合规官。

（4）提供招待、差旅费用的适当行为。员工必须铭记为任何政府官员提供招待或差旅费用都是高风险行为，应引起特别且密切的注意。负责安排招待的

---

① 该节内容来自世界银行针对被制裁企业建立合规计划以申请解除制裁而出台的《诚信合规政策和程序》标准文本。对企业来说，如果需要达到解除制裁的条件，则需按照该标准文本，同时结合自身实际情况出台企业自己的《合规政策》，并严格执行相关条款规定。关于向每位官员赠送礼品金额的标准来源，该标准一是依据《诚信合规政策和程序》中规定的标准（金额不得超过 200 元，但可以根据物价变动情况进行调整），二是依据《湖南省财政厅关于印发〈湖南省省直机关外宾接待经费管理办法〉的通知》（湘财行〔2014〕16 号）第十四条规定，"对于对外赠礼以赠礼方或受礼方级别较高一方的级别确定赠礼标准。赠礼方或受礼方为正、副部长级人员的，每人次礼品不得超过 400 元；赠礼方或受礼方为司局级人员的，每人次礼品不得超过 200 元；其他人员，可以视情况赠送小纪念品。"

员工应：

- 确保为官员支付的招待和差旅等费用为合理且真实的开销，并与产品或服务的促销、展示及解释，或者和该政府所签订合同的签署和履行直接相关。

- 翔实记录所有为政府官员支付的差旅、住宿、餐饮和其他开支的商业目的。

- 提供准确和详细的为政府官员支付的所有差旅和其他费用账单和记录（例如：在税务收据或发票之外，须获得或记录该等费用逐项明细清单）。如可行，应直接向服务提供方支付；否则，应在为任何政府官员报销之前索取发票和明细账单。

- 合理尊重所有对来访政府官员所在国家的风俗、传统和礼节。

- 遵守本企业的招待及业务发展的政策、方针。

- 对政府官员的餐饮招待费用有条件地免于事前批准。为展示本企业形象、演示或讲解本企业产品或服务而发生的餐饮招待费用是允许且无须首席合规官事前批准的，但前提是这些餐饮招待费用是合理且真实的，招待标准按照企业相关接待管理规定执行。

- 对政府官员的任何招待（餐饮除外）通常是不允许的。除了餐饮，一般不允许予以政府官员其他任何招待。员工可以特殊申请豁免本规则，但必须填写《礼品、招待和差旅费用申请表》，并披露首席合规官可能要求披露的其他额外信息，以获得书面批准。如无法事先申请和事先审批，必须在此类随机事件发生后 48 小时内，上报给首席合规官一份填写完整的《礼品、招待和差旅费用申请表》及所有支持性文档。提供任何这类的招待（餐饮除外），都必须符合国家或地方的相关法律、法规和规章，以及中国各级纪委对政府官员的纪检、纪律规定。

2.不当行为

（1）提供礼品的不当行为，具体如下。

- 在任何情况下提供任何现金或现金等价物（如任何预付购物卡和商业消费卡）给政府官员（或其任何亲属）。

- 向负责监督、监管及服务于本企业业务的任何部门、领域的，或者在履行其法定职责时与本企业在任何部门或领域有关联的任何政府官员（或其任何亲属）提供任何礼品券或优惠券（上述允许的节假日礼物除外）。

- 除了上述两个中国传统节日，在其他场合向政府官员赠送任何节假日礼品，或者在任何一日历年内送给该官员礼品的市场价值累计超过上述本企业的支出或报销限制政策中规定的年度累计限度。

- 将礼品的开支记录为合理的餐饮或招待支出。

（2）提供招待、差旅费用的不当行为，具体如下。

- 相同差旅中支付的招待开销不成比例。

- 支付的餐饮费或酒水费用过高或过于昂贵（酒水的开支应尽可能适度或合理）。

- 为政府官员安排任何游览或招待活动的行程路线表。

- 不当地将游乐或招待开支记录为合理的商业开支。

- 为任何政府官员的配偶或亲属报销费用或安排差旅。

违反上述准则将可能面临严厉纪律处分，包括被解雇。

六、礼品、招待和差旅费用申请表和批准表示例

示例：礼品、招待和差旅费用申请表
（与"政府官员"相关）

1. 列明将收到礼品或支付费用的每个政府官员的信息，详见《政府官员人员明细表》。

政府官员人员明细表

姓名	政府部门和所在地区	职务	主管事项

2. 您申请批准的费用类型是哪种？

礼品□　差旅费用□　招待费用□　其他□（如有，请详细说明）

3. 请列明本企业所有参与（无论以何种形式）提供该礼品、差旅和（或）招待活动的员工。该等员工是否已经接受本企业的反贿赂合规培训？详见《本企业参加接待人员明细表》。

本企业参加接待人员明细表

姓名	部门／公司	职务	是否已接受反贿赂合规培训

4. 提供该等礼品、差旅和（或）招待活动的目的是什么？

5. 本企业或其员工是否此前已经为上述《本企业参加接待人员明细表》中的任何政府官员提供过任何礼品、差旅和（或）招待活动？本企业或其员工是否在之前的任何场合已经为该政府官员支付过差旅或招待费用？如果是，请详细描述：

◆礼品：（如果您想申请给予礼品的批准，请回答本节问题）

6. 请描述将作为礼品赠送给该等政府官员的物品名称，并提供每件物品的大概价值，详见《给予礼品明细表》。

预计给予礼品明细表

政府官员姓名	物品名称	预计单价	数量	预计金额
预计金额合计				

7. 何时提供该等礼品？

8. 该等礼品是否与推广、展示或解释本企业的产品或服务直接相关？请解释：

9. 目前情况下是否是惯常提供该等礼品？请解释：

◆**差旅费用:**(如果您想申请给予差旅费用的批准，请回答本节问题)

10.该等政府官员行程的地点？其到达每个地点的日期、交通方式？其离开每个地点的日期、交通方式？详见《政府官员拟定行程地点明细表》。

政府官员拟定行程地点明细表

地点	到达日期	交通方式	离开日期	交通方式

11.由谁（本企业内或外）设定的行程路线？此行程路线中是否有该等政府官员要求或指定的部分？

12.该等政府官员的行程是否与本企业产品或服务的推广、展示或解释直接相关？请提供在该等政府官员行程期间将发生的会议及其推广活动的具体例子:

13.请提供预计差旅费用的详细清单，并列明每项费用的大概金额。详见《预计差旅费用明细表》。

预计差旅费用明细表

申请部门/员工			预计差旅人数				其中政府官员人数		
日期	交通	金额	住宿	金额	餐饮	金额	其他	金额	预计金额
小计									
预计金额合计									

14.如果上述费用系"团体费用",既包括该等政府官员的差旅费用也包括本企业员工的差旅费用,请提供属于该等政府官员的费用金额并解释该金额的计算方式:

15.该等政府官员是否将为自己支付任何的差旅费用?

16.请详细列明陪同上述政府官员进行访问的本企业内外人员姓名?

17.您是否计划向该等政府官员报销其差旅费用或打算直接支付给服务提供方该差旅费用?如果您打算向该等政府官员报销其任何费用,除了填写《预计差旅费用明细表》,请说明为什么不直接支付给服务提供方。

18.上述政府官员将会见本企业的哪些员工?详见《政府官员会见本企业员工明细表》。

政府官员会见本企业员工明细表

预计时间	部门/公司	员工姓名	职务	议程

◆**招待费用:**(如果您想申请给予招待费用的批准,请回答本节问题)

19.请详细描述预计的招待活动:

20. 请提供一份预计招待费用的详细清单，详见《预计招待费用明细表》。

预计招待费用明细表

申请部门／员工		预计参加人数		其中政府官员人数	
日期		费用项目		预计金额	
预计金额合计					

21. 如果上述费用系"团体费用"，既包括该等政府官员的招待费用也包括本企业员工的招待费用，请提供属于该等政府官员的费用金额并解释该金额的计算方式：

22. 该等政府官员是否将为自己支付任何的招待费用？

23. 您是否计划向该等政府官员报销其招待费用或打算直接支付给服务提供方该招待费用？如果您打算向该等政府官员报销其招待费用，除了填写《预计招待费用明细表》，请说明为什么不直接支付给服务提供方。

24. 上述招待活动是否与本企业产品或服务的推广、展示或解释直接相关？请提供将会发生的会议及推广活动的具体例子：

25.除了上述第 12~24 条中罗列的费用，是否预计还有其他任何直接支付给该等政府官员，或者为该等政府官员支付或报销的差旅或招待费用？如有，请详细列明。

申请人确认：

基于本人最大限度所知和能力，申请人就前述问题的回答在所有方面均真实、准确。

签名：_____

职务：_____

公司／部门：_____

日期：_____

示例：礼品、招待差旅费用批准表
（与"政府官员"相关）

所在企业／部分			
申请人		职务	
招待和差旅费用支付原因及目的			
预计礼品金额			
预计差旅费用金额			
预计招待费用金额			
预计其他费用金额			
预计费用合计			
申请企业／部门领导意见			

（续）

所在企业 / 部分	
先开始左栏审批流程：	得到首席合规官的审定批准后，方可开始右栏及以下审批流程：
企业办公室意见：	企业财务部门审批：
企业合规部门意见：	企业首席财务官审批：
企业首席合规官意见：	企业分管领导审批：
企业总经理审批：	
备注：	

填表人： 日期：

七、捐款和赞助申请表及批准表示例

示例：捐款和赞助申请表

1. 您申请批准的费用类型是哪种？

捐款□　　赞助□

其他类似支付（如有，请详细说明）

2. 请列明将收到捐款和赞助的个人或机构的详细情况，详见《接受捐款和赞助的个人或机构明细表》。

接受捐款和赞助的个人或机构明细表

姓名 / 名称	所在地区	登记注册号	机构性质和目的	上级部门和负责人

3. 请列明本企业所有参与（无论以何种形式）提供该捐款和（或）赞助的

员工。该等员工是否已经接受本企业的反贿赂合规培训？详见《提供捐款和（或）赞助员工明细表》。

提供捐款和（或）赞助员工明细表

姓名	部门/公司	职务	是否已接受反贿赂合规培训

4.请描述捐赠和（或）赞助物品的名称，并提供每件物品的大概价值和预计支付的时间和方式。详见《捐赠和（或）赞助的物品或现金明细表》。

捐赠和（或）赞助的物品或现金明细表

姓名/名称	现金/物品名称	预计价值/金额	预计支付时间	支付方式
预计金额合计				

5.请详细说明提供该捐赠和（或）赞助的目的和用途。

6.对于该捐赠和（或）赞助的用途，接收方和金额是否进行公开？如何进行追踪？

7.收到捐赠和（或）赞助的个人或机构如何确认收款？如何开具收款凭证？

8.是否有政府官员或部门要求或建议本企业捐助指定的慈善事业或提供赞助？如果有，请详细说明。

9.提供该捐赠和（或）赞助是否有所回报？如果有，请详细说明。

10.请附上该捐赠和（或）赞助有关的所有协议和文件。

申请人确认：

基于本人最大限度所知和能力，申请人就前述问题的回答在所有方面均真实、准确。

签名：＿＿＿＿＿＿＿＿＿＿＿＿＿＿＿＿＿＿＿＿

职务：＿＿＿＿＿＿＿＿＿＿＿＿＿＿＿＿＿＿＿＿

公司／部门：＿＿＿＿＿＿＿＿＿＿＿＿＿＿＿＿

日期：＿＿＿＿＿＿＿＿＿＿＿＿＿＿＿＿＿＿＿＿

示例：捐赠、赞助批准表

所在企业／部分			
申请人		职务	
捐赠或赞助的目的			
预计捐赠用途金额			
预计赞助用途金额			
预计费用合计			
申请企业／部门领导意见			

（续）

企业办公室意见	
企业财务部门意见	
企业法律合规部意见	
企业首席合规官意见	
备注：	

填表人：　　　　　　日期：

第六章

人事合规与合规培训

第一节　人事合规

完善的企业合规制度需要明确企业人事合规问题，通过宣传贯彻，企业的合规管理制度需要落实到员工的实际行动上，最终也应体现在员工的各项业绩水平评估上。因此，人事相关的合规管理制度在员工入职、升迁、轮岗直至离职整个任职周期内都显得至关重要。合理的人事合规制度不仅有助于企业落实其他各项合规管理制度，也有助于企业在内部培养和提升合规文化。通常，人事相关的合规制度应协同服务于整体合规制度设立的目标，具体体现在招聘、培训、绩效考核和人事措施等各方面。

一、对新员工的合规审查

员工招聘与录用由企业人事部门归口管理，人事部门按照招聘需求计划中确定招聘岗位的基本要求，对应聘者进行全面考核，择优录取。录用前，企业人事部门应配合合规部门对应聘者所提交的个人简历、学历及相关资质证书等进行合规审核，对潜在雇员应聘的职位进行分析，确认其职位合规风险的高低，并设置不同程度的合规审查要求。涉及较多与外部沟通交流的职位，如前端销售或市场岗位，因其直接与客户或是政府部门有交集，风险相较于内部支持部门（如人事部门或财务部门）要高。同样的，采购部门因其掌握公司的供应商筛选和招标的权力，该部门岗位的被动受贿相关合规风险也比较高。另外，对于高级别的管理岗位，一般合规要求会高于其他低级别的普通员工岗位，以体现管理层以身作则践行合规的承诺。

对所有潜在雇员进行相关调查，在聘用员工或选拔企业或各单位的拥有决策权的员工及从事"高风险"工作的员工前，人事部门应当按照《合规政策》，对相关人员的背景进行审查，确保其不存在本企业合规政策项下的任何不当行为。背景审查的具体措施包括给申请人提供的前雇主打电话确认申请人的表现和职业历史，核实应聘信息的真实性，并把信息反馈给招聘主管。如在背景调查阶段发现负面信息，审查人员则应与招聘部门的主管讨论是否继续进行招聘流程并采取相应措施，并对其进行层层面试。录用前，员工必须签订书面的劳动合同，阅读公司的相关规章制度，将合规政策内容纳入新员工入职材料中。新员工在入职日当天，都会从各自的人事专员那里收到一系列入职材料。入职材料中包括员工手册、企业行为准则、诚信自律承诺信和其他人事系统内的其他介绍材料。人事部应要求新员工仔细阅读合规政策，并在诚信自律承诺信和确认信上签字后归还给人事部门；经过合规培训后签署合规证书。人事部门收回员工签字的承认其已完全阅读且理解合规政策的确认信和保密协议的原件后，将这些材料存入员工的个人档案，同时还要告知员工试用期的合规管理条例，确保新员工在试用期能够基本契合本企业合规文化。

示例：试用期员工合规管理条例

一、总则

刚刚加入公司的新员工对公司的许多制度，特别是涉及价值观条款的认识需要一个过程，所以新员工在试用期间不完全受公司所有制度的约束，但需要接受本公司《合规政策》的约束。

二、道德条例及日常关系

诚信合规为本企业立企之本，因受落后或不良价值观的影响而向公司隐瞒真相或提供虚假文件者，应在试用期间向公司陈述清楚，以求得谅解。否则一旦转为正式员工，就必须接受有关条例的处罚。

1. 服从上级管理，杜绝顶撞上级。

2. 工作时间埋头工作，不说闲话和废话。

3. 在工作期间遇到不懂的事务应及时向有关上级汇报。

4. 工作中要虚心向上级及业务熟练的员工请教，请教完毕后不要忘记说"谢谢"。

5. 工作时间要衣冠整齐，不得打闹，除特殊工作外，不得穿拖鞋。

6. 不迟到、不早退、有事事先请假。

7. 做错任何一件事，必须立即向上级汇报，不获批准，不得擅自离岗。

8. 不得打听公司其他成员的工资及奖金，同时也不允许将自己的工资及奖金数目告诉他人。

9. 礼貌待人。

10. 提倡说普通话。说普通话方便沟通。

11. 不得与同事及他人在任何时间打麻将、玩纸牌或玩游戏机，无论是赌博性质的还是娱乐性质的。

12. 同事生病或受伤时，必须停止手头的工作或休息，立即向上级汇报并给予相应的帮助。

13. 不得探听同事的隐私，更不得将同事的隐私对外扩散。

14. 不得从同事的表情、眼色或无意的话语中猜测同事的内心想法。

15. 不得与同事及外人议论其他同事或公司的事务，更不允许指责与讥讽同事。

16. 讲文明，懂礼貌，不说粗话、脏话。见面问声好，分手说"再见"。

17. 在睡觉的时间不得大声说笑，否则会影响其他同事休息，从而影响工作。

二、对现有员工的合规审查

根据合规要求及对中高层管理者年度考核工作的有关要求，企业每年定期对企业总部、各子公司及经营单位领导班子及成员进行年度考核。考核的主要内容包括领导班子及领导干部贯彻落实《合规政策》的相关规定情况，检查是否有收受回扣、贿赂及报酬，欺诈、串通及施加压力等禁止行为，以及利益冲突等违反《合规政策》的行为；考查是否有员工因违反《合规政策》而被解聘、领导干部是否发挥职能作用及在"德、能、勤、绩、廉"方面的表现。企业应采用适当的方式把行为准则及企业其他合规政策中的合规要求纳入员工招聘、晋升和换岗流程。

三、与招聘、升职、换岗、评优相关的合规问题

企业在制定招聘、升职、换岗、评优相关的合规制度时，需要全面考虑以下 4 个问题。

（1）人事立规。企业应在员工行为准则中明确哪些是被鼓励的行为，哪些是可为行为，哪些是不可为行为。同时《合规政策》中应明确规定对员工日常行为进行评估，并把与合规相关的评估结果纳入员工晋升 / 换岗流程。

（2）员工需要升职时，人事部门针对拟升职员工按照人事合规的要求，对照检查拟升职员工的个人记录中是否存在合规一票否决的情形，或者因违反企业《合规政策》和其他合规政策而受到处分的信息。

（3）关于换岗，人事部门需要检查候选人在工作过程中是否完全遵循企业行为准则和其他合规政策，是否存在违反企业政策的行为。

（4）建立个人违规行为记录制度，根据行为性质、发生次数、危害程度等，将其作为个人年度考评、评优评先的依据。

四、人事合规中与政府官员的关系

人事合规制度中很重要的一个环节是，要求进行潜在利益冲突的申报。在招聘过程中，依据当地法律的规定，新员工必须填写并签订一份披露其与政府官员 / 部门的关系（一般为家庭成员），以及是否存在除将任职公司外的其他外

部商业利益关系的申明文件。人力资源及其主管要评估确认，这些关系与最终录用决定做出的公司都不存在任何商业利益冲突。现有员工应当披露自己除本职工作之外的政府关系和外部商业利益的活动。这一制度的设计是为了发现员工的外部活动与所在公司任职的岗位或员工家庭成员与政府官员／部门的关系可能造成的潜在利益冲突。

当人事部门决定员工进行换岗或升职时，人事部门应当告知员工将其与政府官员／部门的关系及所任职公司之外的其他外部商业利益关系再次申明披露给人事部门。如果员工在员工声明中填写了存在外部利益关系或政府关系，人事部门应将此内容发送给员工即将换岗任职或升职的部门主管，以判断和确认是否存在潜在的利益冲突。如果在员工告知信中未填写存在任何外部利益关系或政府关系信息，人事部门应将其签名的申明书妥善存档。如果其即将换岗或升职的部门确认申明中提供的关系存在潜在的与公司相关的利益冲突，人事部门应与相关部门主管讨论后续换岗和升职的可行性，从而确定是否需要重新审查并更新其即将任职职位的职位描述。

五、在劳动关系存续期间员工合规信息的更新

考虑到员工的个人信息，包括家庭地位及成员构成在劳动关系存续期间可能发生变化，人事部门应当要求员工每年填写并签署一份关于其与政府官员／部门的关系，以及是否存在外部商业利益关系的更新的员工信息文件。除非经合规委员会批准，企业不得聘用已辞职或退休的政府前官员为企业的员工、顾问或建立其他经济联系，也不得聘用政府前官员的亲属或者与其控制或参与经营的单位建立其他经济联系。

第二节 合规培训

一、合规培训方案

一个企业要有效推进合规政策与程序，全员培训是必需的，也是最难的。首先，根据本企业《合规政策》的要求，合规部门要做出合规培训方案；其次，企业需要分批次对企业本部所有员工和所有项目部操作员工进行诚信合规政策和程序培训。为使企业全员接受培训，实现培训工作全覆盖，企业需要制定合规培训方案。方案示例如下。

示例：合规培训方案

为进一步推进企业诚信合规文化建设，引导企业全体干部、员工树立廉洁诚信、依法合规的价值观，根据本企业《合规政策》要求，制定本方案。

1.基本要求

（1）已与企业建立了劳动合同关系且劳动合同仍在有效期内的员工，须每年度接受1次合规培训。

（2）新入职员工在入职前必须接受合规培训。

（3）高风险岗位（如经营、财务管理、采购、成本控制等岗位）员工每年须接受1次额外培训，额外培训可以与常规培训合并进行。

2.制订年度培训计划

企业合规部和企业所属一级子公司合规部分别制订企业和本单位年度合规培训计划，并分别牵头组织实施；企业总部一级单位参照企业年度合规培训计划，牵头组织本单位的合规培训。

3. 分类实施

（1）企业法律合规部牵头组织对企业本部管理部室、企业每年度新入司的大学生进行合规培训。

（2）企业所属一级子公司和企业总部一级单位牵头组织对本单位及所属的子公司、区域分公司、项目部进行合规培训。

（3）项目部负责人具体负责本项目工作人员集中观看企业《诚信合规培训》影像光碟的培训工作。

所有培训需拍摄现场受训或观看合规培训光碟照片，与会人员签署《合规证书》并签到。照片、签到表、合规证书留存备查。企业在内部刊物、网站开辟诚信合规专栏，每年举办诚信合规培训，举行诚信合规签名宣誓活动，刊登高管署名文章，营造良好、浓厚的诚信建设氛围，着力提升企业文化软实力。

合规培训方案中要特别明确最早接受培训的必须是包括企业董事长在内的高管，这是合规培训取得实效的关键。企业必须为新员工进行合规培训，因为新员工代表企业的未来。在此基础上，企业还需要明确以下两点。

1. 合规培训的目的

企业在制定合规培训制度前，首先需要了解合规培训的意义和目的。实际上，企业开展合规培训的目的是确保所有员工能够了解本企业的合规政策与程序，能够与本企业的合规文化高度契合并且接受合规理念，具体如下。

（1）让所有员工理解本企业的合规政策与程序，自觉遵循企业的合规要求。通过培训，全体员工了解企业的合规理念、合规目标，树立廉洁诚信、依法合规的价值观，自觉遵守企业制定的员工手册和合规规范。员工手册或合规规范可能无法对所有的合规义务或风险给出具体的行为指引，员工"自觉"的更高境界是根据企业的合规理念、合规目标，发挥主观能动性，做出符合企业合规要求的判断。

（2）有针对性地提升履行合规职责的能力。合规管理人员需要具备一定的法律、经济学、管理学知识，具备一定的管理、宣教能力，企业应根据不同岗位特点设置课程，切实加强诚信合规文化建设对所有企业与下属各单位中高层管理人员、从事高风险业务的员工及所有新员工进行合规培训。比如，重要岗位人员需要具备识别重大合规风险和采取有效防范措施的能力；海外人员需要加强对业务所在国及地区关于劳工权利保护、环境保护、知识产权保护、反腐败、反贿赂、反垄断、贸易管制、财务税收等方面的法律法规和时事政策等信息的了解。

员工在充分理解企业合规目标，熟悉企业合规要求的基础上，发挥相应的工作能力，才能真正有效履行岗位职责。

2.合规培训的基本原则

企业合规培训需要遵循以下 4 项基本原则。

（1）坚持全员培训原则。企业首席合规官应当确保所有员工都了解本企业合规政策与程序的存在及其获取渠道，并在企业网站上公布并更新本政策的电子版本。

企业（包括其子公司）所有管理人员、董事会和监事会所有成员，企业（包括其子公司）财务部和市场部的所有员工，必须接受由首席合规官每年度安排的培训，该培训旨在让上述人员了解本政策。

首席合规官应当对其认为的高风险岗位的员工进行额外培训。

所有新员工都应就本政策自入职之日起 6 个月内接受首席合规官安排的培训。

其他员工都应熟悉本政策的内容，并接受首席合规官认为需要的培训。

（2）坚持分类与留痕原则。开展合规培训时，人事部门应会同合规部门根据不同岗位和员工类型进行分类培训，做好培训签到和现场拍照工作，同时保留好签到表、照片和人员名单，提供合规培训的相关记录、会议资料与档案等；

与此同时，组织企业及下属各单位所有领导与员工签署年度合规证书，并报企业总公司法律合规部存档。

企业应针对员工的身份差异制订不同的培训计划，对普通员工只需要做常规培训，比如已与企业建立了劳动合同关系且劳动合同仍在有效期内的员工，只需每年度接受 1 次常规合规培训。

新员工在入职前必须接受常规合规培训。

另外，企业应根据自身确定的重要领域、重点人员、重点环节，开展具有针对性的培训内容，并且培训次数要有所增加。

（3）坚持持续性原则。合规管理的全面覆盖意味着合规培训的常态化，而常态化的培训活动需要通过制度规定落实。企业必须通过定期、适当的培训不断提高全体员工对诚信合规的认识。企业需要每年分批次举办数场诚信合规培训以使全体员工熟悉合规政策，规范自身行为，营造良好的诚信合规文化氛围。对重点风险领域需要每半年一次。

（4）坚持持续更新原则。企业的合规风险内容会随着国际政治环境的变化而变化，也会由于国内对合规要求日益提高而发生法律法规、政策要求的变化等。因此，合规培训的内容需要进行动态调整，一方面是将国内最新的法律法规、政策要求、行业规则等信息传达给相关员工；另一方面是将应对新的国际合规风险的措施传授给相关员工。

二、合规培训的内容

根据合规实务工作的要求，企业合规培训的内容至少包含以下 4 个方面。

1. 坚持企业合规理念

合规意识在中国境内尚未被普遍认知、了解，企业要开展合规管理首先要培育合规的理念。国外研究合规比较早，比如 1977 年美国制定《反海外腐败法》的宗旨在于限制美国公司和个人贿赂国外政府官员的行为，1997 年 OECD

出台的《国际商务交易活动反对行贿外国公职人员公约》，2003 年联合国出台的《联合国反腐败公约》，2005 年巴塞尔银行监管委员会出台的《合规与银行内部合规部门》，2010 年世界银行发布的《诚信合规指南》。围绕这些与合规强相关的法律、公约或指南，国外学者发表了很多相关著述，主要是从企业如何防止被合规处罚与合规制裁角度展开的。

2. 企业合规管理架构的介绍、合规文件的解读

合规文件主要包括《合规政策》和《企业合规管理办法》。

3. 诚信合规相关工作流程

企业合规承诺、员工手册、合规规范等文件，全体员工都应当熟悉掌握；合规管理部门的具体职责、合规运行机制等管理信息，决策层、高管人员及合规管理部门人员应当充分了解。培训结束后，组织员工签署年度《合规证书》。

4. 创新合规培训和宣传方式

企业可以举办诸如"诚信合规宣传月"活动，大力宣传企业诚信合规政策、理念及工作体系，可以将某年某月定为"诚信合规宣传月"，将诚信合规政策、体系等相关内容制成展板，然后在企业总公司、企业所属各单位、本部各经营单位及部分项目部进行展示。企业总公司法律合规部与团委还可以共同举行诚信合规宣誓签名活动。此外，企业合规部门在企业官网上可以开设"诚信合规"专栏，将企业诚信合规体系、诚信合规宣言、举报热线及世界各国反腐败体系等予以公开。

培训方式可以采取集中培训或观看视频的方式。在培训结束后，人事部门组织员工签署年度《合规证书》。所有员工应当按照合规政策的要求每年进行培训，并签署一份合规证书。

示例：合规证书

致：

呈：首席合规官

本人在此证明如下：

1.本人已收到并阅读了公司（包括任何其子公司及关联方)《合规政策》（"诚信合规政策"）。本人理解公司诚信合规政策的条款和内容。

2.本人遵守公司诚信合规政策。

3.本人不知晓有对公司诚信合规政策或在其中阐述的反贿赂法的既有或潜在的违反。

4.向本人进行汇报或本人指导、管理或监督的员工均熟悉公司诚信合规政策，并且就本人最大限度所知均遵守公司诚信合规政策。

5.本人理解违反本公司诚信合规政策可能会导致免职惩处并最终终止与公司的劳动关系。

签名：

职位：

单位：

第七章

合规举报机制与违规调查

第一节 合规举报机制

一、合规举报的基础理论

为保障合规管理机制的有效运行，企业需要建立完善的举报机制。企业通过《合规政策》《企业合规管理办法》、合规管理流程等识别、评估和防范合规风险，虽然能够在一定程度上防范合规风险的发生，但一些有违规动机的企业人员为了获取不当利益，会千方百计地把违规行为做得极其隐蔽。他们往往具有反侦察能力，通过研究合规政策与程序要求，进行一系列的"技术处理"，以达到违规事件不被发现的目的。因此，为了从更广泛和更深入的层面获取相关信息，揭示潜在或隐藏的合规风险，深化企业的合规管理，建立好本企业的合规举报机制无疑是解决此类问题的有效办法。

通常，人们对于举报与告密的理解不一致。告密往往被认为是不道德行为，而举报牵涉社会环境、市场竞争及潜规则、行业交易习惯、腐败行为、企业文化、监管督查疏漏及举报人的安全防范心理等诸多因素，具有复杂性和敏感性，往往会使企业违规信息举报机制的建立遇到很多困难。

由于各国之间在个人信息保护方面的法律要求和保护程度存在极大差异，对跨国企业来说，很难有一套适合所有国家和地区的内部举报机制。在一些对个人信息保护有特殊规定的国家和地区，跨国企业必须做出特殊安排。因此，很有必要分析一下美国和部分欧洲国家在举报问题上存在的法律文化与法理基础的差异。

1. 美国的法律文化鼓励举报

安然丑闻后，美国通过了著名的《萨班斯—奥克斯利法案》（*Sarbanes-Oxley Act*），该法案致力于解决安然等一系列案件所暴露的上市公司欺诈、审计失败和证券监管等问题。该法案要求所有美国公司必须设立内部举报机制，以便及早发现公司存在的违规问题，为了解公司有欺诈、违规行为的人提供一个举报通道。从那时起，内部举报机制（Whiste Blower Program）开始逐渐被各大公司采纳，作为内部风险控制的重要手段，如今已经是几乎所有大公司在合规管理上的标配。

因此，美国法律对举报人的鼓励和保护是广泛的，几乎所有关于打击违法和欺诈的联邦法律中，都有鼓励举报和保护举报人的内容。而对于公司设置的内部举报机制也少有法律上的限制，所以美国公司设置的举报机制的主要考量就是让举报人"知无不言、言无不尽"，同时允许匿名举报，最大限度地打消举报人的顾虑。在美国法律下，"允许匿名举报"是一项重要的要求，不仅《萨班斯—奥克斯利法案》明确要求"举报机制必须允许举报人匿名地提出举报"，在其他一些重要的关于合规制度的指南性文件，例如《美国公司量刑条例》，美国司法部和 SEC 联合颁布的《FCPA 资源指南》中，关于"公司良好的合规体系"的要求，都包含了必须有一个"允许举报人匿名举报"的内部举报制度。

2. 欧盟的个人信息保护法律更多地关注被举报人的合法权益

欧盟在个人信息保护法规方面采取了与美国截然相反的立场。如果说美国法律更关注举报人的权益、更重视能够顺利举报，那么欧盟的个人信息保护法律则是更关注被举报人的合法权益。2005 年，麦当劳在法国的分公司，根据《萨班斯—奥克斯利法案》的要求所设置的内部举报机制就被法国的个人信息保护部门判定为违法，理由是麦当劳通过内部举报所收集的信息，未经举报人同意就进行转移，违反了法国的个人信息保护法规。

在欧盟大多数国家看来，匿名举报不是一个好主意。不仅一些国家明确禁止匿名提起举报（如葡萄牙、西班牙等），很多国家对匿名举报制度也有诸多限制。例如，法国要求不能积极鼓励举报人以匿名身份举报；德国的规定也类似，举报系统应当鼓励举报人实名举报，如果举报人坚持匿名，则应当解释原因，并被告知匿名举报可能的不利后果（如不方便调查等）。

除了表面上声称的原因，如匿名举报不利于调查，匿名举报不利于公司与举报人联系，匿名举报不利于保护举报人免于打击报复等，其根本原因在于，很多欧洲国家认为匿名举报很难构成一个让人信服的充分理由，使得公司有合法的基础来收集、处理、使用当事人的个人信息，而且有可能导致公司内部举报机制被滥用，被用来满足非正当的目的，例如即使提出不实指控也不用负责任。

欧盟诸国的个人信息保护法规对于内部举报机制的设置和执行还有非常多的限制，包括：在某些情况下，设立公司内部举报机制需要向相关机构或政府部门备案或报批，以确保符合个人信息保护要求；对内部举报机制可以收集的信息类型有所限制。这种限制的原因在于，某些国家的个人信息保护法规明确要求"收集、处理、转移"个人信息必须是为了履行某项强制性的法律义务。因此，有些国家把可以进行举报的信息限制在"和内部会计财务欺诈、违规、企业内部控制、审计事务、反腐败、金融犯罪等相关的信息"，而不包括其他（如人事纠纷等）。有些国家对举报信息向境外转移进行限制。例如，只能转往特定个人信息保护程度较高的国家；要获得信息对象（被举报人）的同意（希腊、爱尔兰等）；对收集的举报信息保存时间有所限制，要求保存期限要与实际需求相符，过期应及时删除；等等。

需要指出的是，世界银行的诚信合规与制裁体系是鼓励举报的，对于举报机制的制度设计，更多的是借鉴了美国的一些经验，但是对跨国企业来说，必须明确地了解不同国家对于举报的态度和处理办法。由于举报机制必然涉及收集、处理甚至转移员工（被举报人）的个人信息，因此不可避免地涉及个人信息保护方面的法律问题，这也是一个迅速发展、日渐受到各国重视的法律领域，很多国家都在近些年通过立法加强了个人信息保护的力度。因此，跨国公司在设置和执行举报制度时，要确保符合当地的个人信息保护法规。

二、建立合规举报机制的意义

1. 建立合规举报制度是建立有效合规体系的基础

企业应该采用可以使用的一切手段来阻止和发现违规甚至犯罪行为，因此企业需要创造阻止和发现违规或犯罪行为的程序；企业应当采用可以使用的一切手段发现或通过应有的努力发现，当有权力的企业组织人员从事不法或违规活动，或者有其他与有效合规和伦理体系相冲突的行为时，应及时剥夺其权力；一旦发现违规，要采取合理措施，及时阻止更多不当行为的发生。

鼓励员工举报应包括：管理层创造一个安全的环境，员工相信对合规的真诚质疑或关切不会遭到报复；管理层认同举报制度；合规指引应包括后续向管理层和举报员工报告调查结果的政策和流程；管理层向所有员工宣传贯彻举报的正确性；提供多种举报途径并向全员告知；具备员工的匿名举报机制，并且应确保这些举报是保密的；管理层鼓励员工举报涉嫌违反出口规定的情况，并制定适当的激励、奖励和要求。

2. 建立企业合规举报机制的目的是实现合规共治

举报人机制通常比单独合规监管制度更善于发现违规或欺诈行为，因为举报人作为一线员工或实际业务流程执行者处于有利位置，可以更方便地识别和收集业务活动中的各类信息。在公司合规治理和合规监管过程中，如果仅关注合规监管而忽视员工的力量，无异于合规"唱独角戏"，不提高全体员工的合规意识和合规参与度，这种单枪匹马的监管势必在面对数量众多且隐蔽而复杂的违规行为时心有余而力不足。因此，重视全体员工的力量，形成合规共治、共管的格局是必要的。在企业的长久发展和稳健运行层面，企业内的任何成员均是利益相关者，举报对于线索发现、调查执法及违规披露具有重要作用。因此，举报实质上延展了合规监管的权力范围，将合规监管视为企业利益相关者的共同责任。

违规信息获取的及时性和准确性是合规执法的前提，然而与一线众多员工所掌握的信息相比，合规监管的信息相对匮乏。信息具有公共物品性质，信息的生产者和掌握者在不能获得足额利益回报的情况下，不具备传递、提供、散布信息的动力，在利益大于惩罚时，侵害集体或企业利益是不可避免的。因此，合规监管必须设置一定的激励措施以促使信息闲置资源的拥有者传递信息，并通过合规执法打击处罚违规行为。实质上，这就是通过举报设置激励和反打击报复保护等措施克服和解决执法信息不对称问题，引入和调动全体员工的力量来扩张监管权力触角和弥补执法资源不足，实现合规共治基础上的合规治理。

举报是合规体系建设中较为关键的一环，是合规体系运作的防火墙，也是企业长效合规运行的有力保证。首先，合规体系的建设是一个长期过程，其在建设和完善过程中需要不断地进行测试和验证，合规举报是对合规体系最好的完善和帮助。其次，合规举报是利用集体的力量，实现合规监管与所有员工力量的合规"共治"，通过每个员工检验、检测合规体系是否行之有效。最后，合规举报是使组织和流程活动更健康的一种方式，无论问题大小，通过举报能够获得源源不断的问题反馈，使企业在问题萌芽阶段就能将其消灭掉，帮助企业降低合规风险。

三、鼓励举报与沟通的重点

1. 企业合规要有良好的沟通机制

企业必须明确，任何企业的合规政策不可能面面俱到。因此，企业诚信合规政策与程序非为穷尽，而只是提供指导性原则，所以企业合规政策鼓励就合规政策中涉及的行为准则进行沟通和对话。企业应鼓励员工就有关反贿赂法、贿赂、促请酬金、招待、礼品和相关事宜的问题或疑问与首席合规官进行讨论。所有有关企业诚信合规政策所列的政策与程序问题都可以向首席合规官提出或咨询。对于涉及中国以外的合规问题，必要时，首席合规官应咨询所涉国家的外部法律顾问。

首席合规官或合规部门应该采取有效的措施和机制，为管理层、员工及（在适当情况下包括）业务伙伴提供关于遵守企业合规计划的指导建议，包括当其在外国管辖区遇到困难时，为其提供紧急建议。

2. 员工需尽报告义务

企业应告知全体员工，如遇任何与合规计划相关的问题，无论本人行为还是他人行为，均有义务立即上报。企业所有员工必须警惕并及时向首席合规官报告合规政策提及的任何"可疑情况""危险信号""可疑行为"，以及任何可能涉及欺诈、贿赂，其他腐败付款，串通，施加压力或其他不正当的可疑事实和情况。对于受到上级指示或压力却不愿意违反合规计划的个人，或者有意检举企业内部违规行为的个人，企业应为其提供沟通渠道（包括秘密渠道）及保护。

违反反贿赂法的惩罚应从严从重。违法企业将可能面临刑事处罚及民事罚金，违法个人将可能受到民事及刑事罚金及监禁的处罚。员工如有任何违反合规政策的行为，根据违规行为的性质，企业可以采用影响年度考核或按照《中华人民共和国监察法》《中国共产党纪律处分条例》《企业行政责任追究暂行办法》或其他相关规定给予相应处分甚至解除劳动合同，有违法行为的移交司法机关处理。所有员工应始终对"可疑情况""危险信号""可疑行为""可疑代表"，以及任何可能涉及欺诈、贿赂、腐败等的支付、串通、施加压力，或者在合规政策中提到的任何其他不当行为保持警惕。与此同时，根据首席合规官的推荐并由总经理批准，企业将对在合规工作中获得优秀的单位、部门和员工进行奖励。

四、完善企业合规举报机制

1. 设立完善的合规举报平台

通常，合规举报平台包含网站、电子邮箱及热线电话 3 种途径，可以实现全方位的匿名举报。企业应设立举报热线或开通合规稽查举报邮箱，建立比较完善的内部举报途径。为了进一步强化合规落地、检测合规执行，增强合规举报的独立性和保密性，企业也可以聘请负责合规辅导的律师事务所作为外部独立第三方提供专业举报服务。合规举报平台由第三方专业律师团队独立运营的优势是，能够确保每个举报报告得到客观、高效、安全的处理。同时，企业合规举报平台需要采取高级别保密标准及环境，多级别授权访问等数据保护措施，确保举报提供的信息免受泄露和未经授权的访问、更改或销毁。所有举报内容和信息，由第三方专业律师团队独立保管。

作为第三方，专业律师团队不熟悉也不记录举报人的个人特征信息，亦不会追踪举报人。未经举报人同意，平台不会将举报人的任何个人信息披露给公司。举报人通过举报平台任何一个举报途径提交举报后，第三方专业律师团队只对企业指定代表提供调查所需信息，报告内容不出现任何有关举报人的个人信息。

另外，如果在企业办公场所设立举报箱，其摆放地点要考虑对举报人的保护，要避免设在电子摄像头下，同时相关区域要符合安全规定，还要注意不在特别显眼的地方；也可以分别设立实名举报箱和匿名举报箱，设立举报电话（或录音电话）、传真、电子邮箱等。对于电话和传真，应与相关运营商协商，尽量研究技术手段，屏蔽来电显示等可能暴露举报人信息的内容，以减少匿名举报者的担心。

对实名举报人员信息的保密更为重要，企业需要对实名举报信息受理人进行特别培训，应确保其工作的保密性和独立性，培训后对信息受理人名单予以公示。举报信息的上报要严格遵循程序，举报信息受理人作为知晓举报人信息的第一级，首席合规官作为第二级，合规委员会作为第三级，对于负责企业举报信息收集及调查处理工作的上述人员，需要领导垂直负责，业绩考核、职级升迁和工资待遇等由上级部门决定，尽量脱离本级企业的权利制约；另外，一旦发生泄密问题，需要逐级审查并予以追责。

一般来说，企业首席合规官是企业接受欺诈或腐败举报的主要负责人。如果企业下属各单位也分别设立各自的举报热线，应将企业与下属单位举报热线在本单位一并公示。

如果举报人对向企业首席合规官进行举报有所顾虑，则可以向合规委员会的任何一位成员进行举报。首席合规官在接到举报后，应立即对举报的问题进行调查。首席合规官在调查过程中有权约谈涉事人员、商业伙伴和企业员工以外的第三方，并收集文件等书面证据。企业的所有员工和其他部门必须尽最大努力予以配合。

2. 有效地保护举报人

为消除举报人不敢举报的担忧，充分保护举报信息及保障举报人权益，企业应明确规定和实施举报信息保护与反打击报复政策及措施，以解除举报人的后顾之忧。举报信息包括举报人的个人信息及其举报内容信息。举报信息严格保密不外泄是举报受理工作的首要原则。无论实名举报还是匿名举报，都将受到严格保护和妥善处理。同时，企业还可以采取诸如举报人个人信息免追踪与识别、使用化名代替、录音加密存储、举报材料绝密保存及举报受理专人负责等保密措施，保障举报信息不被泄露。

3. 鼓励客户或第三方投诉

鼓励客户或第三方投诉的方式有三：一是向客户或第三方明示禁止商业贿赂及其他违规行为，并告知一旦发现其存在违规行为，将根据情况予以惩罚，包括终止合同取消交易机会；二是向客户或第三方明示，如果客户或第三方能举报本企业员工违规或企图违规行为，将给予适当奖励，包括延续交易或扩大交易规模等；三是向客户或第三方明示，应将客户或第三方的合规情况作为重要的资信内容存入客户信息档案库。

4. 严禁打击报复举报人

好的举报机制，一定是能够做到严格保护举报人安全的机制，严禁企业任何人对举报人进行任何形式的打击报复，一经发现，应对实施打击报复者予以严厉惩处，对于触犯法律的，坚决移送司法机关。

第二节　举报信息的处理和违规调查

一、举报信息的处理

不管是执法机关、监管机构日常的执法监督活动，还是公司的内部合规管理，大多数的违规行为都是靠知情人的举报而被发现的。员工处心积虑的违法或欺诈，有可能绕开法务、合规的把关，甚至内审的监督，但往往绕不开身边的人，或是需要其他人配合，或是给同事留下蛛丝马迹，很难做到真正的密不透风。

员工通过举报向公司反映不合规问题，就说明问题可以在公司内部得到解决。如果没有一个让人信任的内部举报机制，就意味着把举报人推向了其他渠道，比如新闻媒体或是司法机关，到那时问题就会复杂化，演变成企业无法控制的局面。特别是在当今的大合规背景下，员工直接向司法机关、新闻媒体，甚至自媒体曝光举报的可能性，更是比以往任何时候都要大。

1. 通过多种方式收集举报信息

对大部分跨国企业来说，提供在线的举报平台基本已经成为标配。从实践来看，向外界提供一个界面操作友好、便于打开的在线平台，能够提供 24 小时不间断的服务，是最为经济、快捷的举报方式。此外，热线电话，甚至专门的邮箱也是常见的接收举报信息的方式。如果设置了举报热线，则负责接听举报电话的工作人员必须受过专业训练，能够在有限的机会里获取举报人的信任，并尽可能获得全面的举报信息、完整的记录信息及安抚好举报人。对跨国企业来说，无论是哪一种举报方式，都必须确保留给当地员工使用"当地语言"的机会。很多时候，语言会成为阻碍举报者内部举报的一个重大障碍，即使是跨国公司，也无法保证每一位员工都能充分、准确地用英语来说明其发现的问题。哪怕英语很好的员工在使用非母语表达的过程中，也有可能流失一些细节。提供当地员工使用母语进行举报的机会，能够最大限度地获取最完整的事实真相。

2. 由专职部门处理所有的举报信息

通常，企业对收到的举报信息按照以下工作流程处理：第一步，需要团队进行初步处理，包括必要的跟进和收集后续信息；第二步，将经过处理的信息（例如隐去举报者）按照举报问题的性质，分发给各个部门，如人事、法务、合规等；第三步，由专业团队跟进各个部门的调查进度，协调不同部门的合作，并对举报者进行反馈。仅有专业团队还不够，一个好的内部举报机制离不开一个案件管理系统。所有的举报事项都应统一记录在案件管理系统中，负责部门、所花时间、处理进度、处理结果一目了然，方便必要时的审计和质量控制。

3. 对举报信息进行准确的大数据分析

对收到的举报信息进行数据分析是内部举报机制给企业合规管理带来的一项额外好处。哪个地区或是哪条业务条线的投诉和举报最多，可能意味着需要合规部门予以高度重视并采取相应措施，如加强培训、实地考察、反映给地区 / 部门负责人等。如果某一类违规行为的举报数量特别多，也许意味着公司现有的相关合规制度和程序存在不足，无法有针对性地解决这类问题。这些都是合规部门宝贵的一手参考资料，供其改进和调整现有的合规制度，及时发现风险。

4. 建立完善的举报信息收集程序

通常，完善的举报信息收集程序包括以下 5 个步骤。

（1）建立正确的举报信息收集理念。在举报信息收集过程中，企业不应把重心放在研究举报人的动机上，而应在处理信息过程中排除其他干扰因素，只关注信息本身，调查所涉及的问题和线索并予以核实。

（2）拟定举报信息的规范格式。企业要按照自身情况拟定举报信息的规范格式和体例的标本文本，至少要包括被举报人的基本信息、涉及的项目信息、客户情况、违规情况及分析、涉及的金额及已造成或将导致的经济损失、证据资料（如不能获得证据，可提供获取证据的途径）、其他知情人等；然后，要通过留白或备注，让举报人有机会可以根据自己所掌握的情况增补举报信息内容。

（3）信息收集举报人员的配置。企业应根据自身员工的性别比例，结合企业规模配置相应的信息收集举报的兼职或专职岗位人员。

（4）对举报信息的跟进。举报信息要全部登记在案。收到举报信息后，按照首办制度，企业应由第一个收到举报信息的人员通过评估分析，决定进一步的行动，比如是否需要调查，是否需要移交给其他相关部门处理。一旦决定调查，企业必须按照规定的流程启动和进行内部调查。企业应告知举报方已收到相关举报并在积极跟进。

（5）举报信息的分类和分享。对于举报信息要按来源或风险类别进行整理，并按照企业制定的权限规定来分享渠道和范围，按权限要求把信息分送给有权利知道的人，所有获得信息的人均有保密义务。从保密原则出发，企业应建立回避制度，严格限制或监督企业高层及具有相应权利的人员调取举报信息。

二、违规调查

1.违规调查概述

企业违规调查是指企业为了维护商业利益和品牌形象、加强企业内部治理和控制，根据相关法律法规及企业内部制定的员工守则或商业道德准则，由独立和专业的部门实施的有限度和合法的手段，以公开或秘密的方式，查明事件真相，收集各类证据的综合措施，以达到防止违规现象发生或查明企业内部舞弊情况的目的。违规行为具体是指企业内外人员采用欺骗、滥用权利等违法、违规手段，谋取不正当利益的行为，或者谋取不当的企业利益，同时可能为自己或他人带来不当得利的行为。

企业员工违规的形式多种多样，常见的违规行为如下。

（1）内部员工伪造费用支出，套取公司现金报销。

（2）员工收取供应商等第三方贿赂，为其谋得交易机会。

（3）内部员工伙同供应商等第三方通过虚构交易、虚增交易金额等，套取公司资金。

（4）内部高级管理人员利用其实际控制的公司进行资本运作（例如，让其受聘公司投资其实际控制的公司）。

违规对于企业的危害包括侵害企业资产、损害企业商誉、扰乱企业决策、管理秩序等，最终导致企业资产流失、利润减少、经营亏损、经营秩序混乱，直至企业倒闭破产。

2.企业违规调查的对象、内容

（1）企业内部调查的对象。具体包括：内部员工；法人，即与公司有经济往来的企业，以及公司内部高管或员工违反竞业限制设立的同类企业；现金流，即企业内部资金管理、外部应收应付账款管理；供应链，即采购渠道、经销商的合规性调查、反商业贿赂调查；活动，即根据需要对企业各类活动合规性进行调查。

（2）企业内部调查的内容。具体包括：组建内部调查团队，启动调查程序；获取专业律师支持；制定调查方案，收集审阅书面信息；了解待查事实，访谈事项所涉人员，挖掘背后真相；出具全面调查报告，整改运营漏洞。

3. 内部合规调查团队人员构成

企业内部反商业贿赂调查团队的组建，不仅需要考虑调查能高效、顺利地开展，也需要考虑防控调查本身的风险，以有效实现调查目标。调查团队通常由公司内部人员和外部专业机构组成，调查团队的公司内部人员通常包括：公司高级管理人员，熟悉公司运营、管理、财务、审计、法律和日常事务的公司内部人员，外部专业机构，律师事务所，会计师事务所。

4. 企业内部调查的作用

通过内部调查，即证据收集活动，企业可以发现和完善运营流程中的瑕疵并加以改进，查明企业内部案件的真相，维护企业的合法权益与利益，进行内部违纪事件的处分以及涉及可能发生的刑事案件的追赃活动。企业内部调查的一般工作包括获取并保存证据、准备文件、针对公司员工的面谈和第三方访谈。

如有必要，首席合规官可以联合审计部门对所举报的事项进行专项合规审计。

对于一项举报的调查，通常应在一个月内完成。对于情况复杂、涉及面广的举报事项，首席合规官可以在与合规委员会商议后延长调查时间，但应定期向合规委员会汇报调查进度。在调查过程中，一旦发现可能存在合规风险的行为，即使调查尚未终结，首席合规官有权要求立即暂停有风险的行为，直至出具正式调查处理结果。

举报事项调查完成后，首席合规官应将调查结果和处理意见提交给合规委员会审核。经合规委员会审核后，首席合规官应将事件的调查和处理结果通知举报人，并执行处理意见。

根据举报事项涉及不当行为的性质、影响及严重程度，应当制定不同的处理程序。

如果不当行为仅涉及违反党纪行为，可由纪检监察部门按照相关党员干部管理程序对不当行为进行调查，提出处理建议，报党委会审定。如果举报事项涉及企业高管及领导班子成员，企业纪委还将按干部管理权限报上级监察委、纪委和党委审定。

如果不当行为仅涉及违反《合规政策》的行为，可由首席合规官牵头对不当行为进行调查，然后将调查结果提交给合规委员会进行审议，由合规委员会提出处理决定建议后报董事会审定。

如果不当行为仅涉及违反企业其他规定（党纪或合规程序之外的其他规定），则由纪检监察部门对不当行为进行调查后将调查结果提交给企业责任追究决策机构进行审议，提出处理决定建议后报董事会审定。

如果不当行为同时涉及违反党纪或合规程序或企业其他规定，则由纪检监察部门和首席合规官开展联合调查，并将调查结果向纪委、合规委员会、责任追究决策机构报告。企业纪委、合规委员会、责任追究决策机构将共同讨论后形成处理建议并提交给党委会与上级监察委、纪委，对其进行平行处理。

如果不当行为涉嫌犯罪，并同时违反合规政策程序规定，除按相关程序移送司法机关外，还应根据以上程序规定追究其责任。一般企业如已经建立举报系统，可邀请人事部最高级别负责人担任举报案件评估委员会的成员，参与案件讨论、评估并决定案件的下一步行动。人事部门还应负责根据企业关于员工违反行为的查处及惩戒相关的规章制度，对查证属实的案件中的涉案员工进行处理，企业须根据检举内容采取适当的补救措施。对于拥有决策权或能够影响业务结果的所有相关人员，应要求其定期（至少每年一次）提供书面证明，说明其已经参阅企业行为准则并严格遵守合规计划，而且已就企业其他职员或业务伙伴可能的违规行为，向企业内部负责诚信事宜的专职官员报告。

第八章

中国企业如何应对世界银行的合规制裁

第一节　中国企业应对世界银行合规制裁概述

一、世界银行合规制裁对中国企业的影响

中国企业"走出去"的积极性不断提高，不少企业将促进海外业务发展上升到企业战略层面，积极进行业务转型升级，在实现业务持续发展的同时，国际影响力不断扩大，国际市场占有率也不断提高。作为企业实施海外发展战略、参与国际经济竞争的重要方式，近年来，对外承包工程的发展势头一直保持稳健增长。鉴于我国企业"走出去"的步伐加速，我国大量的中央企业、国有企业参与跨国建设项目。这些项目的建设多有接受世界银行集团或多边银行的相关帮助，特别是近年来以世界银行为集团代表的国际组织，加大了对腐败、欺诈等不合规行为的打击力度。其中，威慑力最大、影响力最广的应数世界银行的合规制裁。所以，立足于世界银行合规制裁体系下，对中国企业合规这个命题的特定领域进行探讨势在必行。

（1）中国很多海外工程企业面临世界银行制裁风险，需要建构既符合中国企业海外经营实际，又符合世界银行要求的诚信合规程序与政策。

（2）在过去的近20年中，世界银行在反腐与制裁方面积累的经验，已在国际上达成共识，而且世界银行已经表明，通过对被制裁方提出条件以改进诚信文化、减少再犯的机会，是减少合规风险的关键手段。

（3）作为国际性组织，世界银行制定并形成的法律规范在世界范围的接受程度远比美国等国家的合规或反贿赂法在国际上的接受程度更高，适用范围也更广。

在世界银行健全且严格的制裁体系之下，企业在运作世界银行资助的项目中因操作不符合其诚信合规制裁体系，从而被公示于世界银行官网甚至被世界银行和多边银行交叉制裁的情况时有发生。被制裁的企业多为大型集团企业，这样的制裁不仅会使企业声誉蒙羞、经济受损，更有可能波及企业所在国家的

国际形象和经济发展。

二、世界银行诚信合规与制裁体系对中国企业合规的启示

中国企业在"走出去"的过程中，与世界银行交流的机会不断增加，这对中国企业来说无疑是一个良好的契机，但同时也是一项艰巨的挑战。中国企业因行为违规而被世界银行制裁，不仅影响了中国企业在国际上的声誉，很大程度上也影响了中国的国际形象。笔者认为，中国企业合规研究可以深度借鉴世界银行合规体系的理由在于，从某种程度上讲，中国的企业合规研究实际上就是从应对世界银行制裁开始的。世界银行诚信合规与制裁体系对中国企业合规研究有以下 3 点启示。

1. 世界银行诚信合规与制裁体系的架构属于集大成者

世界银行的制裁标准以诚信合规为基础，我们习惯上把世界银行诚信合规与制裁体系并列来看。从国内法律来看，任何刑事和民事辩护或仲裁最基本的原则就是公平正义和固定的法律依据，至少存在明确的法条。但世界银行制裁的准则和标准叫《诚信合规指南》，也就是说，其标榜评价当事人行为以道德为标准。我们知道世界银行是一个世界性国际组织，在全球拥有 189 个成员，其广阔的全球视野和丰富的国际经验、强大的政策影响力、先进的项目管理方法和援助效果评估技术，使其成为当今世界最具领导力和权威性的多边发展银行。

长期以来，世界银行将腐败视为经济和社会发展的最大障碍之一，并要求其所属机构采取措施，以确保将其提供的资金用于其既定目的，并适当注意经济性和效率性，即通常所说的"诚信责任"。为此，世界银行建立了一套法律和其他方面的措施，以防止和打击世界银行项目和计划中的欺诈和腐败行为，并建立了一整套正式程序，以制裁那些被发现在世界银行贷款项目中从事欺诈和腐败行为的公司和个人。所以，世界银行的道德标准不是一般性的道德标准，其可能兼顾东西方文化道德标准，是机构本身的道德标准。世界银行诚信

合规体系就是努力确保在最大限度的可能和可行的情况下，指导制裁流程每个阶段的规范都符合这些不同于传统合法性的最大诠释。

与这些传统的深层价值观保持一致的同时，在与法律规则相关的上述原则和价值观之外，世界银行也致力于在其制裁流程中反映、吸收有益且有用的治理标准和管理标准。通过一系列的程序，世界银行帮助借款人和其他借款成员实施在透明、责任、参与等方面表现良好的治理标准。

2. 世界银行诚信合规体系是大合规概念下的特殊业务领域

世界银行诚信合规体系具有规则特殊、涉外属性强、专业要求高等特点，需要企业聘请具有长期理论研究和实战经验的外部律师事务所提供咨询服务，全面、准确地识别企业的合规管理领域及适用的合规管理依据，协助企业建立一套有效运行的合规管理体系，最终实现企业的合规管理目标，为企业的稳健、持续发展保驾护航。

比如，拟被制裁企业在被正式制裁前可能经过调查和两级审理裁决程序，如果企业遭受的是"附条件"制裁，则必须满足特定"条件"才能获得解禁。在制裁的不同阶段，尽管世界银行有其独立的机构和团队具体负责，但是，世界银行的整个制裁裁判都带有一定的特殊性，这些特性无论作为普通律师、法务还是企业高管往往都难以深刻理解。大量的案例表明，中国的很多律师、企业法务及高管都带着固有的思维看待世界银行的制裁，特别是近几年我国实务部门与学界大推刑事合规，很多业界学者习惯于把世界银行的制裁理解为一起普通诉讼，或者是一个刑事辩护。带着诉讼和刑事辩护的斗争精神或思维参与其中，结果是不尽如人意的。世界银行的制裁不是诉讼或刑事辩护，国内的律师和法务一定要转变思维，我们在处理世界银行制裁问题时，不能带着固有的诉讼和刑事辩护意识参与其中，要清楚地认识到世界银行制裁体系的特殊性。

世界银行制裁的独立性更强，不会受到各种力量的影响，也不会被上诉或被审查监督，世界银行的裁决没有其他监督，被指控人既不能再次申诉，也不能去监督世界银行的终裁决，即便是新闻监督都很难进行。其证据规则也不同。世界银行的证据规则带有一定的主观性，其制裁体系中有一个关键性的术语叫"more likely than not"，可以翻译为"涉嫌"或"可能性"。也就是说，其证据规则让所有廉政局的官员或裁判官认为，只要存在某种可能性，就能认定为不正当行为。

需要说明的是，世界银行既是规则的制定者，又是规则的执行者、解释者，通过其内部相对独立的调查和审理机构行使不同的职权以达到权力的制约，这就必然导致其调查与合规判断具有不同于一般司法机构的特殊性。其裁定可以是基于自己认为合理的判定而无须绝对确凿的证据，被调查对象或被制裁机构很难通过世界银行体系以外的法律途径进行申诉或救济。另外，世界银行的制裁决定还享有司法豁免权，至少目前看来，在司法实践上，还没有世界银行的决定被法院或国际仲裁机构判定无效，可不予执行的先例。

3. 世界银行制裁体系鼓励配合调查

世界银行制裁体系设置了和解与自愿披露制度，鼓励企业积极整改，对于合规整改表现优秀的企业会鼓励其成为其他被制裁企业的导师（mentor），提升企业的商业信誉和品牌价值，将企业打造成合规典范，以获得更多的商业机会。

前述世界银行的制裁规则中有一种制裁行为种类——阻碍行为，即只要阻碍调查、制裁的行为都有可能会触犯此类制裁。也就是说，从调查开始到听证的辩论，自以为高明、过度的抗辩都可能会被裁判方认为是阻碍行为、不合作的行为。所以说对于世界银行的制裁程序，我们一定要有深刻的理解，过去有自以为是的资深律师，倚仗强势的抗辩手段与抗辩策略参与其中，结果适得其反，因为参与世界银行的制裁不能依据国内或国际上的仲裁标准和理论。所以，笔者认为这种抗辩是相对性抗辩，而不是绝对性抗辩，要有不同方式的解构思维和应对思路。这就是为什么笔者的整个团队对每个案例都要做数据分析，深刻理解每个案件背后的人伦、道德、逻辑和潜在的价值观，然后在此基础上对案件给出具体的应对方案。

三、中国企业合规问题探索

笔者认为可以从以下 4 个方面对中国企业合规问题进行探索。

1. 建立符合世界银行标准的合规管理体系

建立合规管理体系是一个复杂的过程，需要多方面进行完善、协调，最终达成一个综合合规体系。而建立符合世界银行标准的合规管理体系，是解决世界银行规则下企业合规管理问题最重要也是最关键的一步。

企业应当明确合规组织构架并进一步划分合规主体责任。世界银行在《诚信合规指南》中明确了主体合规责任划分的重要性。不言自明，划分主体责任的前提是组织构架清晰。如果公司合规组织构架不明，责任分担不合理，就会导致合规文件执行不力。

2. 建立完善的合规体系内部保障机制

从世界银行的《诚信合规指南》中可见，建立一个良好的保障机制必须从以下 3 个方面入手。

（1）建立完整的风险评估流程。对项目要做到在启动前和启动中甚至完成后都有一套完整的风险评估的要求与计划，以求持续改进和全面管控。一个良好的合规体系和保障体系及管理制度固然重要，但保障这些制度建立起来后能够持续、良好地运行并达到合规所要求的目标更加重要。所以，整改合规的大机制存在后，也要按时对该机制进行评估，保证计划有效地实施、无障碍地运行。一份好的评估应当首先考虑该公司合规机制的全面性，考察计划是否足够包含合规需要的方方面面；其次要确保合规计划的顺利实施，这一步的关键在于公司内部的员工和管理层对"人"的考察，确认他们明白自己的职责和操作，最好确保其充分了解后做出承诺。最后，当合规计划已经运营一段时间后，调查其运行过程中的具体障碍并且对障碍进行及时调整。只有及时评估这几个方面并跟进纠正机制，合规计划才不会变成一纸空文，而是真正运作良好的系统。

（2）建立合规企业内部审计制度。如上所述，世界银行有权对其项目的参与方企业派出自己的审计人员进行审计，故合规体系中就财务、会计和记账行为建立及时、有效的把控体系也是保障体系中必不可少的一环。

（3）建立完善的激励和报告制度。简单来说，就是表扬对合规计划全面遵守的人，惩罚违反计划的人。制度中明确企业内员工对其所知悉的企业合规问题均具有报告的义务。奖励和报告制度相辅相成，共同构成合规体系保障机制的最后防护网。只有在报告制度完善的前提下，才能更好地对遵守制度的人进行奖励，对违反计划的人进行惩治。

只有以上 3 个方面的共同保障，才能使合规计划完整、有效地持续运行下去，使一个确定了组织体系和责任划分的完善计划真正运作起来。

3. 建立商务伙伴协同管理相关制度

世界银行发布的《诚信合规指南》中对合作伙伴的定义包括：代理人、顾问、咨询专家、代表、经销商、承包商、分包商、供应商合资方及其他第三方。同时，该指南明确鼓励合作伙伴对世界银行合作企业的合规计划进行同等承诺。

合作伙伴定义的宽泛性从侧面体现了世界银行对合规体系要求的严格性，同时也反映了世界银行对合作企业的商业伙伴提出的要求：在合作过程中遵守世界银行的所有规则，禁止不当行为的发生。首先，在合作之前，世界银行要求合作企业对其商业合作伙伴进行尽职调查并告知合作企业的合规要求和合规计划；其次，合作企业在与商业伙伴建立商业关系时要完整记录双方之间达成的合同要求且使用正规可记录的方式支付报酬，这一点也是为了审计人员便于操作；最后，也是最关键的一环，是在双方进行合同履约过程中定期检查并监督，以保证将外部风险降到最低。

世界银行对合作企业的具体要求包括合作企业应建立符合其标准的合规体系，以及建立完善的合规体系内部保障机制，世界银行对企业商务伙伴的要求则体现了世界银行从外部规避合作企业的合规风险的安排。为此，作为世界银行的合作企业，不仅应当遵守世界银行的各项规则，同时对与其合作的商业伙伴，也应审慎地挑选商业伙伴，使之同样接受世界银行的各项规则约束，建立相应的协同管理机制，在世界银行的规则下良性互动运行。

4. 全面配合世界银行的合规审查和持续监督

作为资助方，世界银行对参加项目的企业有自己的要求和审核标准，凡是与世界银行有项目往来的企业都应全面配合其进行合规审查和持续的监督。如果已经被记入世界银行官网"黑名单"，应向其定期汇报整改的具体情况并配合诚信合规官进行合规检查。当然，世界银行也会聘请独立的监督员对被制裁企业进行检查。在此期间，企业应高度配合，并在接到建议和要求时及时整改。这体现了一家企业"知错就改"的良好态度，是企业最起码的诚信表现，也是企业能持续发展的内在动力。与规范的国际组织进行大规模合作，过程中产生的经验和教训也是值得汲取的宝贵财富。

通过上文提出的问题可以总结出，中国企业面临的主要问题是存在一些欺诈与程序违法的现象，但治理腐败欺诈与程序不当并不是简单的改正单个项目就可以使之达到世界银行合规体系要求的状态。企业要想解决问题就必须建立一整套合规体系，同时也要秉持对合规重视的态度。惩罚也不是永久的持续状态，世界银行也提供了相应的解除制裁指导措施，我们应当尊重其指导措施，同时顺应自身的情况进行合规动作。

第二节　企业在参与世界银行项目投标前的 合规风险评估及应对

参与世界银行等国际金融机构融资项目历来是工程建设类企业合规风险的高发领域。1996 年以来，世界银行等国际金融机构为了确保其提供的资金用于既定目的，履行其"诚信义务"，制定了一套包括法律在内的制裁措施，以打击在参与项目过程中从事腐败和欺诈等不当行为的企业和个人。这些制裁制度和合规制度，正是中国企业"走出去"面临的最主要、最容易触犯的合规规则之一。因此企业在开展海外经营，参与世界银行等多边开发银行资助的项目前，要防患于未然，提前主动按照世界银行要求进行合规体系建设，制定好本企业的《合规政策》，以防范制裁风险。为了加强企业所属各单位参与国际金融机构融资项目的合规管理，有效防控合规风险，企业需要规范参与国际金融组织融资项目合规管理，对企业所属各单位参与世界银行等国际金融机构融资项目建立严格的标前合规风险评估审核。

一、防范交叉制裁风险

除了要重视世界银行的合规风险，企业还要重视其他国际金融机构融资项目的合规风险审查和排除。

2006 年 9 月，亚洲开发银行、非洲开发银行、欧洲复兴开发银行、欧洲投资银行、美洲开发银行、世界银行集团和国际货币基金组织共同签署了《预防和打击欺诈和腐败行为统一框架》，该协议对可能会引起实体被制裁或未来不允许其接受资金的做法的定义进行了规范。2010 年 4 月 9 日，五家多边开发银行的负责人在卢森堡签署了《相互执行制裁决定协议》，从而填补了多边开发银行资助的发展计划中存在的问题漏洞。该协议规定，被一个多边开发银行取消资格的实体将受到其他签署方针对同一行为的制裁。目前的签署方包括亚洲开发银行、非洲开发银行、欧洲复兴开发银行、美洲开发银行和世界银行集团。近年来，随着国际、国内的合规监管力度越来越严，中国进出口银行等国内银行和援外项目主管部门也将企业是否被制裁作为其提供项目融资或给予投标资格的门槛之一。为了彻底根除合规风险，笔者认为有必要把合规审查和合规风险防控的对象扩大到外国政府赠款项目以及包括由全球性金融机构、区域性金融机构、跨区域性金融机构、基金组织以外国金融机构等，在中国境内外的融资项目的投标、承接、建设和管理等全过程行为。合规审查和合规风险防控的对象，具体包括但不限于以下机构，见表 8-1。

表 8-1　合规审查和合规风险防控的对象

序号	中文名称	英文名称（简称）
1	国际货币基金组织	International Monetary Fund（IMF）
2	世界银行集团（或称国际复兴开发银行）及其下属机构：世界银行、国际开发协会、多边投资担保机构、国际金融公司	The World Bank Group（WBG）/International Bank for Reconstruction and Development（IBRD）：World Bank, International Development Association（IDA）, Multilateral Investment Guarantee Agency（MIGA）, International Finance Corporation（IFC）
3	亚洲开发银行	Asian Development Bank（ADB）
4	非洲开发银行	African Development Bank（AFDB）
5	美洲开发银行	Inter-American Development Bank（IDB）
6	欧洲投资银行	European Investment Bank（EIB）
7	加勒比开发银行	Caribbean Development Bank（CDB）
8	亚洲基础设施投资银行	Asian Infrastructure Investment Bank（AIIB）
9	北欧投资银行	Nordic Investment Bank（NIB）
10	安第斯开发公司	Corporacion Andina de Fomento（CAF）
11	中美洲经济一体化银行	Central American Bank for Economic Integration（BCIE）
12	东非开发银行	East African Development Bank（EADB）

（续）

序号	中文名称	英文名称（简称）
13	西非开发银行	La Banque Ouest Afiricaine de Développement（BOAD）
14	金砖国家新开发银行	New Development Bank（NDB）
15	中非发展基金	China-Africa Development Fund（CAD Fund）
16	非洲基础设施发展基金	African Development Foundation（PAIDF）
17	非洲发展基金	African Development Fund（ADF）
18	国际农业发展基金	International Fund for Agricultural Development（IFAD）
19	北欧开发基金	Nordic Development Fund（NDF）
20	欧佩克国际开发基金	OPEC Fund for International Development（OPEC）

二、企业在投标或开展商业合作前的合规风险评估和合规审查

1. 投标或开展商业合作前的合规准备工作

为有效防控参与国际金融机构融资项目的合规风险，加强项目全过程合规管理，企业需要确定审核流程、明确主控部门，要求项目投标或承接前必须经过充分的尽职调查，经企业合规部门进行合规性审核和登记，以及各相关部门审签同意后方可投标，并应制定专门的审核表；同时对项目实施和管理提出明确的管控措施和要求。

2. 参与国际金融组织融资的原则

参与国际金融组织融资的项目，应当遵循依法合规、过程监管、违规必究的原则，同时具备以下条件。

（1）项目已经得到借款国财政部立项并经过贷款方和有关政府机构的审批。

（2）投标或承接前，项目责任单位应当根据本企业的《合规政策》，对联

合投标单位（如有）和业主方进行合理、有效的尽职调查，对项目进行合规风险评估。

（3）参与国际金融组织融资的项目，应当严格遵守本国及业务涉及国家（地区）的法律法规、监管要求，以及国际有关反腐败、反贿赂、反欺诈和社会与环境保障等方面通行的合规规则、规范和准则，遵守合同约定和企业内部管理制度，严禁发生任何形式的欺诈、腐败、串通、胁迫、妨碍等不合规行为。

三、企业需要正确、全面理解在招投标过程中禁止不合规行为的内涵

笔者以某集团为例，重点阐述一下企业需要正确、全面理解在招标过程中禁止不合规行为的内涵。

1. 招投标过程中合规意义上的禁止情形

招投标过程中合规意义上的禁止情形包括但不限于以下情形。

（1）对投标文件进行伪造、变造或造假，如对业绩经验、人员组成、设备情况、资质认证、业主推荐信、财务数据、资信文件、诉讼数据、公证材料等进行伪造、变造或虚假陈述，或者串用集团内外其他单位的项目业绩、设备情况和人员简历等文件、数据或信息。

（2）中标后将项目交由集团内其他单位实施。

（3）不如实披露第三方代理（如咨询顾问、投标代理、政府公关等）的聘用情况，以及代理费、佣金约定和支付情况。

（4）对第三方代理的能力和资质进行虚假陈述。

（5）虚报项目工程量，如项目实际未竣工而虚报已竣工以提前请款等。

（6）不如实披露分包、联营体、转包情况，实际使用分包商与正式上报分包商不符。

（7）项目实际施工时使用的现场关键人员与投标文件中的人员不符，或者

因故更换人员但未获得业主方的同意。

（8）项目偷工减料、以次充好等。

（9）国际金融组织规定的其他情形。

2. 招投标过程中合规意义上的腐败行为

腐败行为是指直接或间接地提供、给予、收受或索取任何有价值之物，以不正当地影响另一方的行为。禁止情形包括但不限于以下情形。

（1）直接或间接地向其他人承诺、给予、教唆或接受任何形式的回扣、贿赂、报酬、好处、便利费、有价服务等。

（2）通过第三方代理进行腐败行为，如支付高额佣金雇用代理进行贿赂，知悉或应当知悉代理进行贿赂但未制止。

（3）向项目业主方人员、监理人员、工程师等在验工程计价、逢年过节等提供好处费、融通费、协作费、变相加班工资等。

（4）对政府或其公务人员提供不符合集团《合规政策》规定的礼品、招待或差旅费用等，或者不经批准向上述人员提供礼品、招待或差旅费用。

（5）向项目所在国政府、政党、政治性组织、公务人员或候选人等提供不合规的捐赠或赞助费用，或不经批准提供上述捐赠或赞助或不按规定进行公示。

（6）国际金融组织规定的其他情形。

3. 招投标过程中合规意义上的串通行为

串通行为是指两方或多方之间为实现不正当目的而设计的安排，包括不正当地影响另一方的行为。禁止情形包括但不限于以下情形。

（1）集团企业内多家子公司同时投标同一个项目，或者相互约定，一致抬高或压低投标报价进行投标。

（2）与业主方人员、监理人员、工程师或政府官员合谋、勾结对工程进行多验多付、先验先付，以提前获得项目工程进度款。

（3）与业主方人员、监理人员、工程师或政府官员合谋、勾结，掩盖、虚报、谎报、瞒报有关进度信息、材料信息或质量问题等。

（4）采用不正当的招投标程序，与其他方（尤其是政府机构、第三方代理机构等）合谋，为公司或关联方谋求不正当利益或者谋取保密信息。

（5）投标中与招标方或其他投标方合谋串标、围标、陪标，影响招投标活动的公平竞争。

（6）采购招标中提前向投标方透露保密信息，包括透露潜在投标方的名称和联系信息，或者违反程序要求或允许投标方修改投标文件等。

（7）国际金融组织规定的其他情形。

4. 招投标过程中合规意义上的胁迫行为

胁迫行为是指直接或间接地损害、伤害或威胁损害或伤害一方或其财产，以不正当手段影响该方的行为。禁止情形包括但不限于以下情形。

（1）以暴力或威胁业主或其员工的财产、人身安全的方式影响投标。

（2）采取其他不正当手段影响其他投标人的投标，如阻挠其他投标人使其错过投标截止期限等。

（3）以暴力或威胁业主或其员工的财产、人身安全的方式加快工量、进度确认，或做出其他有利可图的协助。

（4）国际金融组织规定的其他情形。

5. 招投标过程中合规意义上的妨碍行为

妨碍行为是指故意破坏、伪造、改变或隐瞒调查所需的证据材料或向调查人员提供虚假材料以企图阻碍调查的行为。常见情形包括但不限于以下情形。

（1）向调查人员提供调查所需的文件资料时，存在伪造、变造或不当隐瞒相关信息的情形。

（2）指使员工或第三方证人做出虚假陈述，安排串供等。

（3）威胁、骚扰或胁迫任何一方，使其不得透露与调查相关的所知信息，或者不得继续调查。

（4）有义务配合调查提供相应资料但无正当理由拒绝提供。

（5）故意销毁需提供的资料。

（6）国际金融组织规定的其他情形。

6. 招投标过程中合规意义上的其他禁止行为

在项目实施过程中，严禁与被列入外国政府、国际金融组织等的制裁名单中的任何单位或个人开展任何形式的合作，包括分包、转包、材料采购、物资采购、聘用等，或者使用其提供的产品或服务，严禁不按企业的《合规政策》要求在与商业伙伴开展合作前对其进行尽职调查。

示例：诚信合规承诺书

本单位在参加由（国际金融组织名称）资助的（项目名称，招标编号）项目投标过程中，自愿就本项目招投标及今后的合同履行、项目实施等有关事项郑重合规承诺如下：

一、项目招投标将严格遵守国家招投标法律法规、国际金融组织的反腐败与反欺诈规定、本企业诚信合规管理制度，不发生任何形式的腐败、欺诈、串通、胁迫、妨碍等不合规行为。

二、保证本次投标所提供的所有材料、数据、信息均合法、真实、完整、有效。

三、投标前，根据本企业的《合规政策》对联合投标单位（如有）和业主方进行了合理有效的尽职调查，并确认其在本承诺书签署之日未被列入外国政府、国际金融组织等的制裁名单。

四、如项目中标，保证在合同履行和项目实施过程中遵守法律法规及合同约定、本企业《诚信合规管理制度》等内部管理规定，保证不与被列入外国政府、国际金融组织等的制裁名单中的任何单位或个人开展任何形式的合作，并严格加强项目实施监管与项目资金使用，自觉接受本企业相关检查与审计。

　　承诺人（单位盖章）

　　主要负责人（签名）：

　　联　系　人：

　　联系电话：

　　日　期：　　年　月　　日

第三节　中国企业被世界银行合规调查与制裁的应对

　　当企业因存在不当行为而被世界银行调查后，从世界银行廉政局启动调查到和解协议的谈判签署，再到企业合规体系的建立、完善和实施的各个阶段，均可能影响企业最终受到制裁的结果。因此，中国企业如何在调查阶段充分收集证据、据理抗辩，以及有效谈判；如何有效地处理被世界银行合规调查与听证阶段的各类实务，都关系到整个事态的发展方向。

一、应对世界银行调查的注意事项

　　被调查企业或个人在收到世界银行调查通知时应予以重视、立即响应、有效应对，以化解制裁危机或降低世界银行制裁风险。具体要做到以下5个方面。

1. 及时部署人员，制订应对方案

　　世界银行廉政局的调查以向企业发送函件的方式启动，收到世界银行廉政局函件的企业应对此高度重视，立即响应。企业应尽快成立工作小组，由公司内部合规、审计、纪检监察及相关专业部门人员组成，对世界银行调查事项进

行内部初查，掌握相关情况，具体应注意以下 3 点。

（1）团队层级要高。世界银行制裁对象通常牵涉关联企业，波及范围广，因此应尽可能在企业集团总部层级组建专业团队。

（2）成员具备专业性。世界银行制裁程序类似于诉讼程序，法律合规人员更利于应对。

（3）团队成员要稳定。世界银行制裁周期较长，工作内容相互衔接且信息量巨大，企业人员变动频繁，不利于应对制裁。

鉴于内部自查的过程及结果性文件未来很可能作为向世界银行提出抗辩的证据，企业最好在第一时间聘用外部律师进行独立、全面的调查。

为了有效避免受制裁的风险，企业应制订专业应对方案，尝试将问题解决在初步询问及调查环节。应对方案应区分不同阶段的情况，在世界银行廉政局初步询问阶段，企业应尽快自查，评估世界银行廉政局可能的调查方向及制裁风险，对是否存在可制裁行为进行初步判断，并基于初步评估情况向世界银行廉政局回函，如企业经过自查未发现可制裁行为，应提供充分证据使世界银行廉政局认可并结束调查。当世界银行廉政局进入正式调查，企业的应对方案应重视证据的提交环节，企业内部应充分评估与世界银行廉政局的沟通和提交的证据，积极寻求外部律师的专业意见，防止因误提交可能给企业带来负面效果的证据，同时防范出现可能加重制裁的情况。

一般情况下，根据世界银行的制裁程序指引，可能加重处罚的因素包括：①违法行为的严重性（如违法行为反复出现、从事禁止行为的手段复杂，比如精心策划某项不当行为、管理层在违规行为中起作用，参与、纵容或故意忽视违规行为等）；②违法行为的危害（可能对社会公共安全与健康造成损害或对项目的危害程度高，包括履约能力低下、商品或服务质量或数量不符合要求、工期延误等）；③干扰调查；④被判定违规的过往调查。

可能减轻处罚的因素包括：①在违规行为中起次要作用；②主动修正不当

行为（暂停不当行为、对涉事人员采取内部行为，包括对相关人员采取适当的处罚或补救措施、实施有效的合规计划，以及进行赔偿或经济补偿）；③配合调查（包括对世界银行的调查提供实质性的支持与合作、开展内部调查并将调查结果及事实依据与世界银行廉政局分享、承认并承担责任等）。

2. 配合世界银行调查需要积极的态度

被调查企业和个人向世界银行廉政局展现积极配合的态度十分重要，具体行动包括：严格遵循世界银行来函要求的时限提交材料，积极提供自查反馈和证据，迅速响应世界银行的调查需求，主动采取调查涉及事项的内部处置措施等。

（1）企业需要识别并主动停止任何可能涉及调查事项的不当行为，及时惩处相关责任人。根据世界银行《一般制裁原则和指南》的规定，自愿采取更正措施，包括在调查前自行停止违规行为，对责任主体进行内部处罚，进行整改以避免再次产生违规行为和赔偿或经济补偿等，可在基准处罚幅度上减轻1～3年或减轻33%的幅度。因此，主动采取补救措施是减轻世界银行下一步可能采取的制裁措施的关键因素之一。

（2）切忌在接受调查过程中隐瞒信息资料，或者创设、提供任何虚假陈述、材料、信息或报告，导致在被调查过程中出现舞弊欺诈行为而被加重处罚。

（3）切勿消极应对或怠于配合调查，否则很难取得减免处罚。

3. 充分行使抗辩权利

被调查企业和个人对世界银行的调查享有抗辩权利，世界银行调查函通常会给予被调查企业和个人一定的抗辩期。

在该期限内，被调查企业和个人应尽可能完成自查及制裁风险评估，制定抗辩策略并准备相关证据，及时向世界银行提交抗辩材料。

如预估前述工作在抗辩期内无法完成，应尽快向世界银行申请延期，加强与世界银行的沟通，避免因程序性事项而影响世界银行对实体问题的认定。

4. 把握和解机会

如前所述，所有被调查企业和个人均可选择通过和解协议的形式解决问题，以代替制裁程序。例如，被调查企业可以通过和解协议承诺满足世界银行的特定条件和要求，换取免于被世界银行制裁或减轻制裁处罚。这无疑是企业解决该调查事项的更优途径。因此，企业应通过内部调查，对制裁风险进行充分评估，仔细权衡"和解结案"与"制裁"的利弊，并及时做出是否向世界银行提出和解的决定。

5. 和解谈判中的策略

（1）依据证据及法律据理力争，避免触发联动制裁。企业需要迅速梳理案件背景、收集证据材料，根据事实情况及同类案件经验去判断如果出现不当行为要面对的严重后果和情况，将谈判底线划定好后，做出和解回应避免触发联动制裁。在与世界银行廉政局进行多轮谈判的同时，企业应及时收集、整理大量证据，就事实和法律问题做出澄清回复，向世界银行廉政局提交针对《质询函》问题及后续跟进问题的书面回复意见。无论采取和解还是争取申诉，企业均应建立在对商业合理性的考量之上。尽快和解有利于降低可能的制裁期限，同时避免案件长期悬而未决；相反，如企业认为案件事实清楚，企业不应受到惩罚，则可尽力争取不予或减轻制裁，但需要做好与世界银行长期谈判或进行诉讼程序的准备，世界银行廉政局在做出最终裁定之前可能存在漫长的等待时间，在该期间内，企业对世界银行项目的投标仍可能受到影响。

（2）在谈判同时开展合规管理工作，为谈判争取筹码。考虑到和解程序与诉讼程序可能经历数月、一年甚至数年之久，企业在谈判和诉讼准备期间内，应积极进行合规整改，完善合规制度并进行合规培训，以期在最终裁决／谈判时，世界银行廉政局酌情考虑企业的大量整改措施，很可能做出减轻或不予处罚的决定。

二、应对世界银行合规制裁的注意事项

根据世界银行的制裁体系，企业在被列入世界银行的黑名单之后，需要等待最初制裁期限届满，且可以证明自身已经满足可以解除制裁的条件，才可能从世界银行的制裁名单中移出。一般情况下，企业应主动采取纠正措施，停止不当行为，追究责任人的责任，对先前的不当行为进行赔偿或经济补偿，同时应建立健全有效的合规组织体系，制定完善的制度和工作流程，解决先前制度中存在的问题，并主动将开展的成果定期汇报，以便在"诚信合规"角度获得世界银行等组织的认可，力争尽早解除制裁措施。一般情况下，按照世界银行制度建立和完善合规管理体系，是解除世界银行制裁的必备条件，具体如下。

如果制裁措施是"附条件的免于取消资格"或"附解除条件的取消资格"，世界银行做出制裁决定后，会指派诚信合规官（Integrity Compliance Officer）与企业联系，并依据《诚信合规指南》提出整改要求。被制裁的企业需按照要求制定、落实整改方案，并接受诚信合规官的监督。整改完成后，企业应在规定的时间期限内提交书面申请，请诚信合规官对整改方案的落实情况予以审查。申请书应描述对之前的不当行为的整改和补救过程，以及建立和完善合规管理制度的情况。诚信合规官还可能要求被制裁企业提交中立第三方出具的评估报告，评估其合规管理制度是否符合《诚信合规指南》的要求。

如果审查通过，诚信合规官可以决定该企业从制裁黑名单中移出。如果企业的整改情况没有达到要求导致审查不通过，诚信合规官可以继续将企业留在黑名单上（时间不多于1年），直至该企业达到要求，重新提交解除制裁申请。被制裁企业应根据OECD理事会于2009年通过的《关于进一步打击国际商业交往中贿赂外国公职人员行为的建议》，OECD于2010年2月颁布的《内控、道德与合规最佳行为指南》，世界银行于2010年9月发布的《诚信合规指南》等规定，具体按照世界银行集团的《诚信合规指南》要求建立合规管理体系及梳理投标等重要业务节点合规风险，编制公司诚信合规手册，并科学编制业务

流程文档及保留记录，配合完成合规管理体系建设培训及宣传等工作。一般情况下，世界银行的制裁通知书也会对企业应满足的合规要求进行具体规定，企业应确保满足相应条件，方可在制裁期届满后提出解除制裁的申请。

企业被世界银行列入黑名单之后，其控制的所属单位也一并被纳入制裁范围，取消参与世界银行贷款或资助的项目的资格。原则上制裁范围不包括母公司或受同一股东控制的关联公司，除非世界银行能够证明这些公司有过错或责任，或者受制裁实体通过其规避制裁，这种情况下可能同样会被包括在被取消资格的范围内。

一般情况下，企业在收到世界银行的调查通知后，应与调查机构进行及时主动的沟通，并充分配合，积极采取纠正措施，同时可以考虑寻求外部专业律师意见，尽可能缩短制裁期限。

企业在收到世界银行的拟制裁通知后，可以考虑对制裁进行申诉或谈判和解。待制裁通知生效后，若企业想要解除制裁，需要待制裁期限届满，且企业可以证明满足了制裁通知所附的条件后，才能通过书面申请从制裁名单中移出。一般情况下，被制裁企业需要建立符合世界银行规定的合规体系，待世界银行审查通过后，方可从制裁名单中移出，否则将延长制裁期限直至达到世界银行的要求。

根据世界银行诚信合规程序的规定，在被制裁方接收到制裁通知后，由诚信合规官告知被制裁方总体合规要求。按照总体合规要求，企业解除制裁的工作分为3个阶段：第一阶段，企业制定合规制度的文件草案（包括禁止的行为、评估程序、责任承担、内控政策、奖惩机制、举报程序、补救措施等），由诚信合规官审查并提出建议；第二阶段，企业通过并实施合规制度（通常不少于1年）；第三阶段，企业对世界银行所公布的《诚信合规指南》实施情况进行监督检查，定期向诚信合规官汇报实施情况，并对合规制度进行必要修订。企业总公司做好前面这些工作后，在最早制裁期满前120天就可以提交取消制裁的申请。诚信合规官将审核合规制度及其实施情况，以此为依据做出同意或不同意取消制裁的决定。如果诚信合规官不同意取消制裁，则将延长制裁期限（不超过 1 年），直到被制裁方再次申请。

企业需要将工作重点放在第三阶段，关于解决世界银行提出的要求，以及如何落实企业制定的合规制度并解决可能遇到的困难。根据世界银行发布的《诚信合规指南》要求，在该阶段，企业的诚信合规程序工作内容已基本完成、合规委员会和合规部门已相继成立、首席合规官已任命、《合规政策》已颁布、诚信合规培训完成后，将进入最关键、最重要的环节——审查与评估阶段。在此阶段，世界银行主要对整个企业的《合规政策》实施情况进行监督检查。

检查内容主要包括：执行《合规政策》的组织机构和人员设置是否健全，企业全体领导及员工是否知晓世界银行的《诚信合规指南》，合规培训是否按要求开展，有关投标和供应商管理等工作程序是否按合规政策执行，以及开展上述工作过程中的相关文件记录是否齐全等。检查方式包括约谈相关领导及员工、检查并审阅相关资料记录等。

审查评估工作将覆盖全企业，涉及反贿赂、反腐败，商业伙伴尽职调查，合同签署与执行监督，礼品、招待和差旅费用，捐款和赞助，人事、财务、内部审计及培训等诸多方面。《诚信合规指南》为世界银行标准版本，其中许多规定、程序与要求和国内的部分通行做法及企业现行工作流程有较大差别。因此，企业需要自上而下、全面有序地推进各项工作，才能保证检查顺利通过。

解除制裁对企业的声誉与发展至关重要，也是企业实现"走出去"战略过程中必须解决的阻碍之一。世界银行作为一个国际性组织，其资金来源主要为各国的财政收入，贷款使用范围非常广泛，从对医疗和教育系统的改革到诸如堤坝、公路、国家公园等基础设施和环境的建设等。如今国际间的经济合作越来越多，若企业不能顺利解除制裁，不仅意味着企业无法参与世界银行、亚洲开发银行、美洲开发银行等国际性主要金融机构的投标，无法享受这些金融机构提供的低息贷款、无息贷款和赠款，还意味着今后在投标或项目执行过程中会受到其他国家管理者的严格审查，企业的声誉也将在国际上受到持续性的严重影响。这将对企业"做优海外市场"的方针形成严重阻碍，甚至造成无法挽回的损失。

三、世界银行解除制裁的检查要求

当企业整改到位希望世界银行解除制裁时，如果世界银行进行例行检查，根据其诚信合规程序检查要求，企业需要在推进诚信合规工作方面展开如下工作。

1. 保障企业人员安排合规

（1）企业中所有员工每年均签署《合规证书》。如果由于客观原因无法做到每人每年都签署《合规证书》，那么至少应将采购部门的员工纳入其中。

（2）首席合规官的任命问题需要考量。中国企业的合规官大多数由纪委书记或总法律顾问兼任。这样的人员安排极有可能产生利益冲突，企业在合规计划中应当写明如何解决这种冲突。比如，总法律顾问在其作为首席合规官进行决策时，是否会对其作为总法律顾问参与或审核的有关法律性事务予以回避。如果会，谁将替代执行首席合规官所负责的事务。如果冲突无法解决，应当提请第三人作为新任首席合规官并向世界银行提供其相关简历、工作职责、更新的决策机构以及修订后的组织机构图。

（3）企业应当向世界银行提供具有决策权的员工、将担任影响业务结果职务的员工、高风险职务员工的额外尽职调查审查情况。尽职调查审查应当包括是否聘用政府前官员及其亲属，或者由其控制或经营的相关企业。如果存在该类情况，应当予以说明。

2. 合规体系中的公司管理

（1）企业应当明确首席合规官的相关职责，主要职责包括但不限于：定期对下属公司的合规负责人所做出的决定和批准进行审核，以及管理重要文档，等等。在必要的情况下，也应当对下属公司的举报进行回应，并对下属公司决策机构进行监督。

（2）企业应当注意合规文件的管理，应当有具体的员工或部门负责尽职调查档案与合同文件的存档管理。比如，首席合规官和法律合规部均负责商业伙伴尽职调查和合同文件的存档管理。

（3）企业应当在合规计划中附工作程序的具体流程图，且在公司规章制度中列明以保证公司的决策程序被员工知晓，以及对应解释决策层的职务高低、有关的决策程序在与业务活动的数额及不当行为中的预计风险，并举例说明。

（4）企业每年的调查记录与调查结构和问题的解决方案应当详细记录在案，如发现不当行为，应当采取怎样的补救或纠正措施等。例如，除对有关责任人采取适当的纪律性措施之外，企业可以采取其他综合性措施；《合规政策》中存在发生不当行为的漏洞时需要对诚信合规体系进行修订，或者将相关案例体现在合规培训材料中，以减少未来发生类似不当行为的风险。另外，企业还需要对豁免批准程序进行简要描述，尤其是商业伙伴为国有企业时的豁免批准程序，还应提供一份相关的表格或申请资料样本。

（5）关于豁免的程序应规定清楚。豁免应当有门槛条件，而不是针对某类合同或交易的一个自动性的豁免（无论金额多少）。比如，对于高风险事项（如聘用代理或代表），无论金额多少，都应进行尽职调查。同时，应当在企业《合规政策》中明晰对豁免程序进行定期监督检查的要求。

3. 确保合规工作宣传与培训到位

（1）为符合世界银行合规规范，企业应确保所有员工每年均接受合规培训。特别是高管、财务部和市场营销部的员工，需要经过特定的合规培训。如果由于客观原因难以做到，至少应确保董事会、监事会成员及采购部员工每年接受合规培训，且应当为高风险员工进行有针对性的合规培训。

（2）企业应当用恰当的宣传方式将与合规体系有关的文件告知员工。比如在公共场所张贴宣传画、在公司内网或外网上开设诚信合规专栏等，并且应向世界银行提供合规体系文件及在内网进行公示的屏幕截图。

（3）举报热线的设置与处理需要符合实际情况。合规举报应做到及时快速，建议首先由高层管理人员定期发布支持合规体系中的相关理念、提醒员工在发现"可疑行为"时进行举报，以及鼓励员工通过适当的方式（比如向首席合规官举报、拨打咨询热线）寻求建议的消息。需要向员工明确的是，如有发现"可疑行为"，员工必须举报，且建议如企业在上述方面采取相关措施，应把相关案例向世界银行诚信合规办公室汇报。相关措施包括处理请求的措施，以及解决的具体方案，包括方案在员工或第三方（如商业伙伴）的反馈。

4. 关于合作伙伴和商业交往合规

（1）企业应确保所有商业伙伴，特别是将被视为企业的代理、代表或联营方的商业伙伴签署附件合规证书，包括但不限于《反贿赂陈述、保证及承诺函》《合规证书》与承诺函，并且提供证明表示企业不鼓励与那些未建立诚信合规政策的商业伙伴进行深度合作。

（2）企业与合作伙伴应当积极参与联合措施行动，比如与其他公司商议如何开展诚信合规工作及建立合规体系。另外，在活动进行方面，企业应向世界银行提供有关合规培训、合规证书签署、捐赠等行为的最新统计数据。

5. 关于公司审计合规

（1）针对政府官员之外的其他商业伙伴，企业应当制定有关礼品、招待或差旅费用方面的制度。同样，企业也应制定针对员工在参与有关业务活动时接受有关礼品、招待或差旅费用方面的制度。合规计划中，企业应当确定有关赠与政府官员节日礼品方面的政策是否与国家和党内的有关政策相符，并进行保留登记等。

（2）企业应制作清晰的招待费用的审计报告。有关员工向政府官员提供的招待费用如属于非豁免的招待费用，应如实进行记录和报告。同时，应指定一名员工或一个部门负责受理并维护获得批准的非豁免费用的统计分析工作，并向世界银行提供一份向政府官员赠送礼物或提供费用的报告事项登记样表。

6. 关于可能需要协助提供的资料

（1）财务部的专项审查报告。

（2）法律合规部的商业合同审查报告。

（3）项目效能监察审计报告。

（4）财务部的专项审查报告。

（5）法律合规部的商业合同审查报告。

（6）提供最新的员工统计数据，并列明，具体如下：①不同类型员工的总数及所占比例（如全职员工、兼职员工、退休员工等）；②简述不同类型员工的职责或其工作内容；③不同类型员工中接受合规培训的比例。

（7）企业首席合规官和企业子公司的合规负责人之间职权划分的具体规定或相关文件，阐明职权划分的标准和申报流程。

（8）若企业首席合规官的工作职责、申报流程或审批机构有所变更，请提供关于工作职责、申报流程和审批流程图修改后的最新文件。

（9）向除政府官员之外的其他第三方（如商业伙伴）赠送礼品、提供招待或差旅补贴方面的制度文件或其摘要（如有）；企业员工在参与本企业业务活动时接受礼品、招待或差旅补贴方面的制度文件或其摘要（如有）。

（10）向政府官员提供礼品的礼品清单范例。

（11）概述公司内部文件归档系统，包括列明文件归档的负责人。

（12）合作伙伴需要提交的文件，包括：①与商业伙伴的合同；②《反贿赂陈述、保证及承诺函》；③《合规证书》及《拟合作的商业伙伴举荐人信息表》和《拟合作的商业伙伴信息表》。

（13）除合规培训之外，其他对于合规政策宣传途径的证明文件（如有），包括：①基层员工午休期间放映合规培训视频的照片；②宣传合规政策海报的照片；③在内部刊物上进行合规政策宣传的照片。

第九章

出口管制合规管理

第一节　出口管制合规概述

出口管制合规，顾名思义，是指针对出口方面的专门性合规管理。出于政治、技术控制或市场保护等目的，世界各国几乎都针对物项出口制定了各种各样的管制措施。其中，应用最广泛、威慑力和影响力最大的是美国的出口管制和经济制裁措施。本章将主要探讨美国出口管制和贸易制裁政策下的合规管理。

一、出口管制的含义

出口管制是指一国政府通过建立一系列审查、限制和管控机制，以直接或间接的方式防止本国限定的商品或技术通过各种途径流通或扩散至目标国家，从而保护本国的安全、外交和经济利益的行为。

二、实施出口管制政策的目的

出口管制通常由经济实力较强的国家向经济实力较弱的国家发起。在当今的经济全球化时代，出口管制已不单单是一种涉及贸易的具有象征性或报复性的举动，而是一种具备多种功能的综合性对外战略工具。而且，这种制裁措施已经越来越倾向于联合制裁、多重制裁，通过向对象国或组织施加多重压力，削弱其抵抗能力。

实行出口管制的一个重要目的，是促成"战略交易"。出口管制不同于军事打击和情报颠覆行动，其行动可逆，造成的损失可复原，因此具有两面性，即实施制裁可能带来的损害和解除制裁后可能带来的收益。实行出口管制的另一个目的是削弱他国和组织的发展潜力、竞争优势和对外贸易，以维护自身在金融、经济、科技或军事领域的优势地位。此外，从某种意义上讲，出口管制也是制裁国实现某种宣传目的的手段。

第二节 美国贸易管制政策解读与近期形势分析

为了保持自身在经济、技术和军事等方面的优势，包括美国、日本、欧盟在内的许多国家和组织都制定了与贸易制裁相关的法律法规。尤其是近年来，各国的贸易制裁政策立法和执法力度大有加强之势，倒逼跨国企业在参与全球经济贸易活动中必须注重合规经营，防范合规风险。其中，美国的出口管制和经济制裁政策，因其立法严格、执法力度强大、适用范围最广，且具有域外管辖效力，从而备受关注，也最具代表性。在本节中，笔者将主要选取美国出口管制相关的法律法规进行梳理分析，一方面帮助我国企业深入了解其经济制裁与出口管制政策；另一方面力争在深入研究的基础上为我国企业提出有效应对措施，以降低相关风险。

一、美国的出口管制概述

美国在出口管制方面采取的用来维护国家安全、打击竞争对手或敌人的两种重要方式是出口管制和经济制裁。

美国的出口管制和经济制裁政策由来已久，最早可追溯到 1917 年美国颁布的《与敌国贸易法》（Trading with the Enemy Act，TWEA）。该法出台的初衷是为了限制美国与敌国之间的贸易。随后，美国又出台了《国际紧急经济权力法》（International Emergency Ecomomic Powers Act，IEEPA）、《联合国参与法》（United Nations Participation Act，UNPA）等联邦层面的法律和《赫尔姆斯 - 伯顿法》（Helms-Burton Act）、《出口管制法》（Export Administration Act，EAA）等专门性法律。

美国的出口管制是指美国政府基于相关法律法规，授权有管辖权的权力机构对规定的受管制物项（包括实物、软件和技术）的出口、临时出口、再出口和转口等一系列行为的约束。美国出口管制的主要执行机构为美国商务部工业与安全局（Bureau of Industry and Secruity，BIS），主要是对用于军事目的的装备、专用物资、技术的出口管制。美国的出口管制以其管辖权宽泛、调查手段隐蔽、制裁措施严厉而闻名。

美国的经济制裁是指美国使用贸易禁运、交易限制、投资限制和资产冻结等经济强制手段，对竞争对手或敌人实施的报复、处罚或遏制行为。美国的经济制裁，根据其适用对象的不同，可以分为初级制裁和次级制裁；根据制裁范围的不同，可以分为全面制裁、不完全制裁和针对特定目标实体的制裁。美国经济制裁的执行机构主要包括美国国务院、司法部、财政部海外资产控制办公室和纽约州金融服务局。其中，美国国务院主要负责反恐怖主义、反大规模杀伤性武器核扩散制裁项目；财政部海外资产控制办公室和司法部分别负责经济制裁方面的民事、刑事处罚；纽约州金融服务局负责其管辖范围内金融机构的处罚。

虽然两种制裁方式由不同的部门实施，且制裁行为存在区别，但是在出口贸易上如果存在重叠因素，将触发两个部门的联合执法，被制裁对象从而遭受双重制裁。比如，未经许可将美国原产或含有美国元素的物项出口至被制裁国家、实体或个人，会同时违反美国出口管制和经济制裁的规定而受到双重处罚。

2018 年以来，美国商务部工业与安全局、财政部海外资产控制办公室大幅加强了出口管制和经济制裁领域的执法力度，许多非美国企业被认定违反了其出口管制与制裁规定，继而被列入出口管制与制裁清单。

2020 年，随着新冠肺炎疫情席卷全球，国家间的博弈变得更加激烈，国际关系也更加微妙，各国间的经济发展亦有"内卷"之势，一些国家为了维护其在科学技术等方面的领先优势，巩固其在世界经济中的核心地位，更是进一步加强执法力度，使得跨国企业在参与全球经济贸易活动中所面临的合规风险也不断加大。

为了提高国际竞争规则的把握能力，减少因犯规而被列入外国出口管制与制裁清单从而被施以巨额经济处罚，致使日常经营受阻的风险，跨国企业在开展全球贸易活动的过程中，有必要时时关注全球贸易管制与制裁动态，结合企业自身的业务需求和不同国家的管制措施进行有针对性的合规建设。本章旨在为准备或已经开展全球贸易业务及已被列入外国贸易管制清单或制裁的中国企业提供一些政策形势的解析和应对策略，供其参考。

二、美国出口管制的管控方式与方向

美国的"出口管制"主要分为两个管控方向。

一是关于军用物项和国防服务的管制，以《武器出口管制法》（Arms Export Control Act，AECA）为其法律基础。美国国务院根据 AECA 制定《国际武器贸易管理条例》（International Traffic in Arms Regulations，ITAR，）及其附录《美国军需品清单》（United States Munitions List，USML），主要管控军用物项的出口。

二是关于民用及军民"两用"物项和技术的管制，以 1969 年美国国会审议通过的《出口管制法》为其法律基础。对民用及军民"两用"物项和技术管制主要是以直接或间接的方式防止本国限定商品或技术通过各种途径流通或扩散至目标国家。2001 年《出口管制法》失效后，美国商务部工业与安全局制定了《出口管制条例》（Export Administration Regulations，EAR）及其附录《商业控制清单》（Commerce Control List，CCL）、《商业国家列表》（Commerce Country Chart，CCC），管控国民"两用"物项和敏感度低的军用物项的出口、临时出口、再出口和转口。①

三、美国出口管制的主管机构及其职能

美国出口管制的主管机构是美国商务部，其有权制定出口管制的具体规章制度、审查与发放出口许可证、对违反出口管制者给予行政处罚等。商务部下设的工业与安全局负责实施和执行《出口管制条例》，管理商用及可同时用于常规武器、大规模杀伤性武器、恐怖主义活动或侵犯人权的商用物项，以及较不敏感的军用物项的出口、再出口和转让（国内）。工业与安全局的主要目标是通过确保有效的出口控制和条约遵守体系，促进美国持续的战略技术领导地位，从而促进国家安全、外交政策和经济目标。工业与安全局还执行反抵制法律，并与美国机构和其他国家就出口管制、不扩散和战略贸易问题进行协调。

1. 出口管理局

出口管理局（Export Administration，EA）是工业与安全局中负责受《出口管制条例》约束的出口、再出口、转让和视同出口（向在美国境内的外国人的技术转让）许可申请审查的机构。出口管理局通过其下属的出口商服务办公室（OES）提供有关美国商务部工业与安全局项目的信息，举办关于遵守《出口管制条例》的研讨会，并提供关于许可要求和程序的指导。

2. 出口执法局

出口执法局（Export Enforcement Arm）是工业与安全局负责执行出口管制法规的联邦执法机构，其由出口执法办公室（Office of Export Enforcement，OEE）、执法分析办公室（Office of Enforcement Analysis，OEA）和反抵制合规办公室（Office of Antiboycott Compliance，OAC）组成，主要工作包括调查违规行为、阻止非法出口、进行最终用途检查、教育出口交易各方改进出口合规

---

① 刘齐，范硕.《美国出口管制系列（一）出口管制概念介绍》。

操作并识别可疑询问、通过评估交易各方的诚信程度为许可审核提供支持，以及积极追究出口管制违规主体的刑事或行政责任等。

工业与安全局与美国大使馆、外国政府、工业界和贸易协会都有密切合作。根据《出口管制条例》，工业与安全局官员通过在全球范围内与最终用户、收货人和 / 或涉及《出口管制条例》项目交易的其他各方进行现场调查（又称最终用途检查），以验证其合规性。

最终用途检查是对交易一方的现场验证，以确定其是否为美国物项的真实收货人。最终用途检查是工业与安全局许可程序及其合规程序的一部分，以确定项目是否按照有效的工业与安全局授权或与《出口管制条例》一致的其他方式出口。具体而言，最终用途检查受《出口管制条例》约束物项的真实性，包括：确认其与最终用途和最终用户相关的合法性和可靠性；监控其对许可条件的遵守情况；并确保这些物项是按照《出口管制条例》进行使用和 / 或再出口或转让（国内）。

工业与安全局官员通过最终用途检查确保受《出口管制条例》影响的物项不被转让到未经授权的最终用途 / 用户。如果工业与安全局官员无法验证某公司的可靠性或该公司对工业与安全局的最终用途检查实施妨碍，那么该公司可能会在许可证审查期间接受更多的监管审查，或被工业与安全局列为未经核实清单或实体清单。

四、美国出口管制体系下涉及的限制清单

美国出口管制体系下涉及诸多限制清单，包括美国财政部海外资产控制办公室管理的特别指定国民（Specially Designated Nationals and Blocked Persons，SDN）清单、海外逃避制裁者（Foreign Sanctions Evaders，FSE）清单、行业制裁识别（Sectoral Sanctions Identifications，SSI）清单、巴勒斯坦立法委员会（Palestinian Legislative Council，PLC）清单、代理行账户或通汇账户制裁清单

（List of Foreign Financial Institutions Subject to Correspondent Account or Payable-Through Account Sanctions List，CAPTA List）、非 SDN 中国军工复合体企业清单、外国金融机构第 561 条款名单（The List of Foreign Financial Institutions Subject to Part 561），美国商务部工业与安全局管理的被拒绝实体清单（Denied Persons List）、未经核实清单（Unverified List）、实体清单（Entity List）、最终军事用户清单（Military End Users List），美国国务院国际安全与防扩散局管理的防扩散制裁清单（Non-proliferation Sanctions），以及美国国务院国防贸易管制局管理的武器出口禁止清单（AECA Debarred list）。

与此同时，美国国际贸易管理署建立了一个综合查询清单（Consolidated Screening List，CSL），以上涉及美国制裁的清单均可统一在该清单中查询。如果拟交易对方出现在该名单上，那么在继续交易之前应进行额外的尽职调查，包括严格进行出口管制、要求申请许可证、对最终用途或用户进行评估，以确保其不会导致任何美国出口法规禁止的活动或其他限制。因此，跨国企业在开展交易前，必须检查美国商务部、国务院和财政部公布的管制清单，以确保完全遵守各个部门关于管制清单的所有条款和条件。

五、《出口管制条例》

《出口管制条例》位于《美国联邦法典》（Code of Federal Regulations，CFR）第 15 章，是美国出口管制措施中最主要、应用最广泛的法规。该法规是由美国商务部工业与安全局进行管理、执行，主要是针对大多数商品、软件和技术（包括具有商业和国防"双重用途"的物项以及某些国防物项）的出口和再出口进行广泛管制，包括美国的出口、原产于美国的物项以及某些含有一定美国原产成分的外国物项的再出口或转口。[①]

---

① 刘齐，范硕.《美国出口管制系列（一）出口管制概念介绍》。

1. 受《出口管制条例》管制的对象

根据《出口管制条例》规定，美国出口管制的管制对象包括所有"美国人"（US Persons）。这里所指的"美国人"的定义非常广泛，包括美国公民、非美国国籍的美国永久居民或在美国设立的任何组织形式的实体。例如，在美国法律下成立或在美国有主要办公地的实体机构；由美国公司控制的外国附属公司；在美国境内从事的交易涉及美国管控物项、服务、技术或软件出口；或者参与美国制裁项目的特定交易的外国公司；担任前述外国公司交易中介的外国经销商等。①

2. 受《出口管制条例》管制的物项

受《出口管制条例》管制的物项包括纯民用物项，具有民事和军事、恐怖主义或潜在大规模杀伤性武器相关用途的物项和仅用于军事用途但不属于《国际武器贸易条例》必要管控的物项。它不仅适用于商品和硬件在传统意义上的出口或转让，而且适用于软件的转移、上传或下载，以及已定义的"技术"和"技术数据"的转让或披露，主要包括以下内容。

（1）在美国境内的所有物项，包括在美国自由贸易区内或从美国域外国家到其他域外国家但途经美国中转的物项。

（2）所有原产于美国的物项，不论其具体流转地区。

（3）外国制造的物项，但其中包含美国原产物项；外国制造的软件，但与美国原产软件"捆绑"在一起或是与美国原产软件混合制造；外国技术中混有美国原产管控技术。

（4）某些外国生产的源于美国技术或软件的直接物项。

（5）由美国域外的任何工厂或工厂的主要部分位于美国域外的工厂所生产的、采用美国原产技术或软件生产的直接物项。

需要注意的是，上述第（3）项"包含"是指同时满足以下3个条件：

---

① 刘齐，范硕.《美国出口管制系列（一）出口管制概念介绍》。

①美国原产成分被有意地加入其中；②对于物项的整体功能至关重要；③美国原产成分将会和外国制造的物项一起出口至最终目的地。"捆绑"是指某一物项配置的软件，但该软件并不必须通过物理形式集成到该物项中。①

3. 受《出口管制条例》管制的行为

对于受《出口管制条例》管制物项的出口，工业与安全局主要从物项、国家、主体和用途等几方面对商用或军民两用物项实施出口、再出口、视同出口及第三国境内转让等方面的管制行为进行审查，并以出口许可形式对受控物项出口至各国实施管制。

出口（Export）：管制物项通过实际传送或运输的方式从美国跨境转让，包括将源于外国的物项出口，通过美国运输、转运或从美国归还至其来源国。

再出口（Reexport）：管制物项从美国出口至进口国，然后从进口国再次出口至第三国，以及在此之后的任何再次出口。

第三国境内转让（In-Country Transfer）：管控物项源于美国，那么在非美国境内，转让该管控物项所有权或控制权属于境内转让。

视同出口：属于出口范围内，因《出口管制条例》中对于出口采用扩大解释的方式，其管控核心是物项从美国出口，不仅包括传统意义上的出口，还包括其他具有"出口"意义的特定交易。例如，以展示或口头简述的方式向在美国境内的外国人传递的技术，也被认定为出口。

4. 出口管制执法部门的执法措施

2020 年 11 月 18 日，美国商务部工业与安全局对《出口管制条例》进行了修订，新增了对域外执法的授权性条款，扩大了出口管制的执法权限，其执法措施具体包括：①许可前检查和装运后核查；②海外调查权；③对美国境内外的出口、再出口和转让（国内）进行搜查、检查、扣押、查封；④检查财务账

---

① 邱梦赟，韩小西，李晨.《美国出口管制与制裁实务指南》。

簿、记录和其他资料；⑤对违规行为的处罚。

5.《出口许可证》

《出口许可证》是美国政府对进行特定出口交易（包括技术出口）进行授权或授予许可的政府性文件。根据申请物项的类别不同，《出口许可证》分别由工业与安全局或美国国务院的国防贸易管制局（DDTC）颁发。相关许可机构会在仔细审查有关特定出口交易的事实后予以颁发出口许可证。

大多数美国出口交易不需要美国政府以许可证的形式进行具体批准。事实上，在所有美国出口交易中，只有相对较小的比例需要美国政府的许可。出口商应对所出口物项是否需要许可证及物项的最终用途进行研究，换句话说，应对交易进行"尽职调查"。

6.《出口管制条例》下的主要清单及风险防范

（1）实体清单。实体清单是美国商务部工业与安全局根据《出口管制条例》将那些在物项出口、再出口或转让过程中涉嫌参与违反美国国家安全或外交政策利益的活动，或构成正在参与或者可能参与的重大风险而列入清单予以管制的实体。如需向该等实体进行出口、再出口或转让受《出口管制条例》管制的物项，则需向工业与安全局申请出口许可证。非美国企业、科研院校、政府机构、其他组织和自然人等都可以被列入"实体清单"。

被列入实体清单的风险：

- 供应链被切断。被列入实体清单后，企业在供应链方面会遭受不利影响，企业进口或在国内采购受美国《出口管理条例》管制的物项必须申请许可，而根据"推定拒绝"的原则，绝大部分出口许可申请将被拒绝且不适用许可例外。

- 民事罚金风险。被列入实体清单后，如果企业或个人试图非法获取受管制物项将被认定为违反美国《出口管制法》，从而面临 30 万美元或违法交易额 2 倍的民事罚金，以价值较高者为准。

- 高管刑事责任风险。如果被列入实体清单的企业违反了美国《出口管制法》的刑事规定，公司高管可能面临被美国执法机构追究刑事责任的风险，如企业高管在与美国签订了引渡协议的国家和地区出现时，则其将面临被美国政府引渡的风险。

- 高管及员工旅行限制。根据管制原因，企业高管和员工在申请美国签证时将有可能面临困难。

- 国际金融结算服务障碍。列入实体清单的企业在开展国际结算业务特别是美元结算业务时将受到贸易合规性审查。银行有可能拒绝为受制裁企业提供金融服务。

被列入清单后建议采取的措施：

- 提前做好危机管理。企业应聘请专业机构做好与政府机构、媒体等方面的沟通和信息披露，尽可能降低被列入清单的影响；同时聘请国内和美国律所来应对涉及出口管制的调查并提供双向结合的法律应对方案。

- 搭建有效的贸易合规体系。企业应建立健全出口管制风险识别、评估、防范、应对的措施和方案，提前预判合规风险。

- 加强供应链管理。企业应积极拓展供货来源，丰富供应链渠道，进而分摊贸易合作风险，同时对受管制物项设计替代方案。

- 企业应积极应对美国执法机构的执法活动，尽早提交书面请求向最终用户审查委员会申请除名。

（2）未经核实清单。未经核实清单规定于《出口管制条例》第 744 条第 6 补充案中，若美国商务部工业与安全局因超过美国政府控制的原因而无法核实该等外国实体（End-use check）是否"善意"（bona fides），即物项最终用途和最终用户有关的合法性和可靠性，美国商务部工业与安全局就会将该等外国实体列入未经核实清单。

列入未经核实清单的影响：根据美国《出口管制条例》规定，若出口商、再出口商或在国内转让受美国《出口管制条例》管制的物项的转让方，将该物项出口、再出口或在国内转让给被列于未经核实清单中的非美国实体，则不能再享受之前许可证豁免的权利，并且在交易之前，该等出口商、再出口商或转让方必须向该非美国实体索取"未经核实清单声明"（UVL Statement）。被列入未经核实清单意味着获取《出口管制条例》管控物项受到一定限制，但其限制程度低于实体清单。[①]

（3）被拒绝实体清单。被拒绝实体清单是指列有被拒绝给予出口特权（Export Privilege）的实体（含个人）的名单。

被列入被拒绝实体清单后的影响：对于被拒绝实体清单，工业与安全局禁止任何人与该清单上的主体进行任何可能会违反其拒绝令上有关要求的交易，被列实体将被拒绝给予出口特权。被列入被拒绝实体清单意味着不能再参与美国出口相关的贸易，无法获取受《出口管制条例》管控的物项。

（4）最终军事用户清单。该清单是美国商务部工业与安全局于2020年在《出口管制条例》中新增的一项清单。该清单明确了有关许可证限制的对象，即军事最终用户、军事最终用途的定义。根据《出口管制条例》，军事最终用户不仅包括传统意义上的国家武装部队及相关机构（包括陆军、海军、海军陆战队、空军或海岸警卫队及国民警卫队、国家警察、政府情报或侦查组织），还包括行动旨在支持军事最终用途的任何其他最终用户；军事最终用途包括支持或有助于军事物项的运行、安装、维护、修理、检修、翻新、开发或生产等任意活动。

被列入最终军事用户清单的影响：被列入军事最终用户清单的主体在获取《出口管制条例》第744条补编2中所列物项时需要获取美国商务部签发的出口许可证。同时，就向该等军事最终用户出口《出口管制条例》第744条补

---

① 程东.《美国出口管制实体清单制度解析》。

编2中所列物项的出口行为申请出口许可证时，美国商务部将适用"推定拒绝"的审核原则，即工业与安全局基本不会允许将有关物项出口给军事最终用户清单上的主体。因此，被列入该清单则意味着企业在供应链上将遭到"精准打击"。虽然军事最终用户清单的受限范围没有实体清单广，但是该清单制度的针对性更强，可谓一项专门打击与军工相关的高科技企业的小型"实体清单"。

7. 违反出口管制政策后的处罚措施

美国工业与安全局下设出口执行局（Office of Export Enforcement，OEE），负责对违反出口管制措施进行处罚的具体执行。出口执行局有权根据个案的事实情况采取下述的一种或多种共同执行的处罚方式，且企业和个人都有可能是需要承担责任的主体。

（1）行政处罚。根据具体实体违法、违规行为，按照《出口管制条例》对相关主体处以发布警告信、处罚信或行政罚款。

（2）刑事处罚。根据具体实体违法、违规行为，按照《出口管制条例》对该实体处以罚款（针对企业最高100万美元的罚款、针对个人最高25万美元）或监禁，或者两罪并罚。

（3）其他制裁。这是指除前述行政、刑事处罚以外的，如对美国商务部工业与安全局已授权的贸易许可进行修改、终止、撤回，对承载已经出口、正在出口、装运货物中的船只、车辆及飞机进行扣押，并视情况没收装运货物等。

此外，出口执行局还可以根据需要，将有关当事人列入美国商务部工业与安全局实体清单、未经核实名单和被拒绝实体名单。

第三节　贸易合规管理体系与风险管理

　　如何基于企业现有业务和模式预先做好出口管制和经济制裁合规风险的评估，如何通过调整业务安排、建立合规体系等手段规避和应对合规风险是每个从事全球贸易的企业都必须考虑的重要课题。跨国企业通过制定合规政策，按照外部法规尤其是出口管制和经济制裁方面的法律法规，结合企业自身的实际情况，建立并持续优化内部合规管理体系，以实现有效识别、防范、应对和控制贸易合规风险的目的。本节将结合美国出口管制和经济制裁政策，梳理提出中国企业在开展出口贸易活动过程中的应对措施。

　　通常，贸易合规管理的内容包括建立合规组织体系，制定合规政策，建立涵盖风险评估、合规审查、合规培训、合规审计等方面的工作机制。

一、建立出口管制合规部门并制定相应岗位职责

　　企业根据自身实际及业务领域，应建立由决策层支持、出口管制合规部门牵头负责、各业务单位具体落实合规工作相结合的，全方位、多层次合规管理组织构架，明确各层级的职责权限和议事机制，明确出口管制合规人员岗位条件、职责、权限，并将合规工作表现纳入绩效考核。

二、针对企业供应链和销售链进行全面的合规风险评估

　　由于美国出口管制制裁手段多样、清单复杂，且不同的清单项下可能存在相应的宽限期、豁免例外等，企业应根据自身不同业务场景进行风险排查和分析。

1. 确认交易是否涉及敏感地区和敏感行业

　　如果交易涉及敏感国家或地区的金融、能源、国防等行业，企业应进行全

面、详细的合规风险筛查。

2. 确认所出口物项是否属于美国管制物项

企业应从以下 3 个方面确认出口物项是否属于美国管制物项。

（1）确认所出口物项是否被列入出口管制清单（包括临时管制）。

（2）对出口物项进行梳理和分类，判断是否属于美国相关进出口管制法律法规管辖的范围。

（3）梳理物项可能的主要用途，确认物项是否存在以下几种风险：第一，危害国家安全和利益的风险；第二，被用于设计、开发、生产或使用大规模杀伤性武器及其运载工具的风险；第三，被用于恐怖主义目的的风险。

3. 确认交易参与主体是否涉及制裁清单

企业应从以下 3 个方面确认交易参与主体是否涉及制裁清单。

（1）排查客户的主要业务范围是否涉及军事、科技等敏感业务。

（2）排查交易对象是生产商、经销商还是最终用户。

（3）确认交易对象是否被列入美国出口管制清单。

此外，企业还需进一步分析该限制是否存在"次级制裁"（即是否适用于非美国人）、该限制是否存在交易豁免及宽限期等。

4. 针对具体业务进行合规分析

企业应针对出口业务、融资、工程、投资等业务进行重点合规分析，排查物项是否受到《出口管制条例》管辖、是否适用许可证例外、评估当地的融资主体是否受制裁是否涉及美元融资、投资项目目标企业是否受到特定制裁等。对于受管制物项的技术，企业还需排查日常经营中的技术交流、传输是否构成技术出口的风险和隐患。

三、确立出口管制与制裁合规审查流程并定期评估更新

在开展交易时，企业应根据出口管制相关法律法规、出口管制清单等，针对每一笔交易做好全流程的出口管制与制裁风险合规审查工作。如果条件允许，建议将出口管制与制裁的流程通过信息化的手段嵌入合同管理流程，同时定期对出口管制清单、受管制物项等进行持续更新。

1. 签约前审查

在谈判阶段，一方面，企业需要对交易物项、最终用户、最终用途、运输路径等进行综合评估；另一方面，企业需要进一步做好尽职调查，并关注客户是否存在一些警示性异常行为，避免因客户隐瞒真实用途、提供虚假信息而造成不可控风险。

2. 合同签订审查

由于受出口管制物项范围广泛，出口管制和制裁风险可能发生在交易的任何环节，直接管控具有一定的难度。因此，企业可以通过合同条款设计，在一定程度上转嫁风险，这不失为一种可行的补充管理手段。因此，在签约阶段，企业应在合同中设置出口管制合规相关条款，约束交易各方遵守出口管制相关法律法规，以减少或排除出口管制相关风险。具体的合规条款可包括 3 个方面：一是交易相对方保证不违反美国出口管制和经济制裁的规定；二是交易相对方如果违反相关规定，法律责任由其承担；三是在对方违反规定时，我方有权随时解除合同，且不承担违约责任。

3. 交易物项审查

出口前，企业可以在"商业管制清单"（Commerce Control List，CCL）中查询拟出口物项的 ECCN 代码，判断拟出口物项是否属于美国出口管制管控物项，是否需要申请出口许可。若拟出口物项属于出口管制物项，但未被列入贸易管制清单，则该物项的 ECCN 码则为 EAR99，正常出口时无须获得美国商

务部工业与安全局的出口许可。但如果将 EAR99 物项进行再出口时，则需要检查相关信息，如出口目的地、最终用户或最终用途等。如果将 EAR99 物项出口到禁运国家，或者该物项最终被禁运国家使用，或者该物项被用于法律禁止的目的，则也需要获得美国商务部工业与安全局的出口许可。因此，确认拟出口物项的 ECCN 代码后，出口商还应将"商业管制清单"（CCL）与"商业国家列表"（CCC）结合考虑，以确定是否需要从美国商务部申请向出口目的国出口的许可证。如向列入"实体清单"的企业进行出口、再出口、转移 EAR 出口管制商品时，无论新增实体企业是作为买方、中间收货人、最终收货人或最终用户，均须取得许可。

4. 履约过程审查

企业在获得出口许可证后，方可履行出口合同相关义务。在履行合同环节，企业需要再次筛查交易各参与方的相关情况，防止因禁止或限制交易名单发生更新或变动而引发违规风险。在正式发货前，企业应再次确认之前各审查环节是否完备、审查货运人情况、核对许可证及装运文件是否与交付货物一致，等等。如发现有任何问题，需请相关部门核实后方可发货。在租赁、收付款及提供售后服务、维修、保养、经济或其他辅助服务等过程中，也需额外注意。一旦发现出口管制物项的最终用户、最终用途、安装地点等可能发生变动或涉及"实体清单"，企业应立即采取相关措施。

四、制定定期合规教育培训制度，定期开展合规培训

为确保指引有效落实，企业合规部门应制定定期的合规教育培训制度，定期进行重点人员、重点岗位培训。培训对象不仅包括一般人员、与出口管制相关的业务部门和合规部门等，企业还需根据不同的培训对象设计不同的培训内容，确保所有员工都了解自己的出口管制合规责任。此外，企业还可以考虑将是否参加过出口管制合规培训纳入员工年度考核内容，以避免培训流于形式。

五、编制出口管制与经济制裁合规手册

为有效应对出口管制与经济制裁合规风险，企业应编制出口管制与经济制裁合规手册，明确企业出口管制合规的基本目标和重要意义；明确企业出口管制合规的基本要求和审查程序；强调员工熟悉出口管制相关规定并认真遵守的重要性，并要求员工遵守出口管制相关法律法规；列明违反出口管制相关法律法规可能会招致的风险及处罚。

六、定期开展出口管制与经济制裁合规审计

出口管制与经济制裁方面的合规审计可以从两个层面进行：全面审计和专项审计。全面审计，即对企业出口管制合规体系进行全面评估，包括对整体合规组织架构的设置、职责权限、机构运行、合规制度与流程的设计与实施等方面的合理性和有效性进行全面审计。专项审计，即针对特定部门（如销售部门、生产部门等）或特定出口环节（如发货程序、记录保存等）进行专项审计。根据具体情况，企业可以不定期对关键部门或环节进行合规审计，及时发现漏洞并整改，防止演变为严重风险。

第十章

企业数据合规

第一节　数据合规概述

一、数据合规的概念

　　企业合规的核心是促使企业的运行与发展符合各项规定，企业的数据保护合规是促使企业在数据的使用和管理上符合各项规定，防控数据所带来的各类风险。数据保护合规实际上是建立一种企业管理机制，以此控制数据带来的法律、审计、财务、互联等各类风险，一般主要由数据合规政策和数据合规管理流程两大要素构成。[①] 具体而言，数据保护领域的合规风险包括违反合规政策性条款的数据滥用类风险，以及违反合规流程性条款的管理失职类风险。因此，企业需要围绕相关政策构建企业内部管理流程合规体系，以此降低数据风险。

二、数据合规面临的风险

　　在互联网科技高速发展的当代，数据资料变得愈发重要，与此同时带来的风险和危机也日益增大。在上市审核过程中，拟上市企业的数据是必经审核的一环，有些企业甚至在上市审核中可能遇到有关数据合规方面的约谈与问询。目前数据合规的立法加速、执法趋细、数据出境监管趋严，数据不合规的问题逐渐成为影响企业经营的不可忽视的风险因素。各企业（特别是拟上市的企业）在数据合规领域可能存在以下 5 个风险点。

1. 网络安全风险

　　数据资料的合规最直接、最现实的方式是管理网络安全，只要能控制网络安全风险，数据安全就能得到保障。企业的网络安全管控主要体现在以下 3 个方面。

---

① 毛逸潇. 数据保护合规体系研究［J］. 国家检察官学院学报，2022，30（02）：84-100.

（1）公司是否建立了健全的内部管理体系，确保系统的顺利运行。

（2）公司主要产品的安全技术状况，防范交易外挂、黑客攻击等的具体措施和实际效果，是否达到行业平均技术水平。

（3）是否出现过网络安全事件（类型、原因、发生概率统计），是否受到主管部门调查（调查内容、原因、结果），相比同行业遇到的网络攻击频率和影响，发行人在抗击网络攻击方面是否存在更大风险等。

上述控制部分是根据上市公司监管部门关于网络安全合规的咨询，重点是公司网络信息系统的基础运行能力、监控能力和复原能力。

2. 数据来源合法性风险

在互联网时代，越来越多的企业利用不同渠道获得的大数据进行运营活动，数据来源合法是企业能够合规使用这些数据的前提，也是政府与行政监管机构关注的重点。企业数据来源合法性风险体现在以下 3 个方面。

（1）厂商取得使用者资料及标记的程序与方法，是否有明确提示，使用者的授权是否完整，使用者的资料收集范围与用途是否清楚，厂商取得使用者资料的方式是否合规。

（2）厂商是否将资料归类，资料收集与运用时是否取得使用者的许可，是否存在侵害使用者权利（隐私权、肖像权等）的行为。

（3）厂商收集资料（包含自采或向供货商索取）时，是否已取得有关资讯主体（或使用者）的合法授权，取得资料的方式是否合法、合规。

通过对政府部门关心的主要风险点的分析可以看出，企业的资料来源应合理合法，对于自行收集的资料，应遵循合法、正当、必要性的原则，只收集与经营有关的个人资料，而不收集与经营无关的资料（对于来自第三方的资料，在收到上述资料之前，必须先核实资料来源是否合法）。

3. 数据内控体系风险

企业数据的内控系统是保证企业数据安全最直接的保证，要想有效防范数据风险，则需要重点关注以下两个方面：第一，公司是否建立了一套完整的信息系统，保证信息的合法使用；第二，公司是否建立了健全的信息防范系统，保证了系统的顺利运行。

总体来说，政府和监管部门的重点在于数据源的合法性风险，具体表现在以下 3 个方面。

（1）企业是否具有控制数据风险的能力、内部控制制度和程序，并对数据的获取、使用、处理的需求进行响应。

（2）企业是否设置了数据最小化制度，防止数据泄漏的风险。

（3）企业数据内部控制体系能否最大限度地保障数据的安全性，建立透明的数据保护与安全程序，保证审核和遵从的要求。

4. 数据处理风险

在获取数据后，企业通常需要进行数据的关联和处理，具体包括数据的收集、存储、使用、加工、传输等。资料的处理应采用合法、正当的方式，并遵守诚实守信的原则。控制数据处理的风险主要包括以下两个方面。

（1）企业对数据的使用是否有所关注，有无转授权、向第三方使用的情形。如果有，是否获得了个人信息主体的明确同意，是否进行了适当的脱敏，相关的授权过程是否完整。

（2）企业利用大数据相关技术从事精准推荐和个性化营销服务是否涉及侵犯产品用户的个人隐私或其他侵权风险，企业发行人的大数据相关技术及其使用、相关服务的开展的合法合规性，是否存在纠纷或潜在纠纷等。企业应当关注的重点是企业是否拥有系统的数据安全保护机制和企业内部的数据处理保证。

5. 业务经营中的数据风险

目前，大多数公司都要求进行数据服务，但如何将这些数据运用到自己的商业模型中，这是一个很重要的问题，例如：企业的经营和利用用户数据的方式是否合法，特别是商业化变现的合规性，是否存在潜在纠纷？企业是否对数据供应商存在重大依赖？企业在进行经营活动时所收集的个人信息有无被转授权或流转给第三方利用，是否具备合规性？总体而言，数据的经营体验主要集中在数据使用权益、数据商业化模式是否符合相关规定，以及数据权益定义是否合法上。

第二节　数据合规立法动态

一、国内数据合规立法动态

国内关于数据合规的概念出现较晚，但保护公民相关个人信息的立法由来已久。自 2009 年 2 月 28 日《中华人民共和国刑法修正案（七）》首次将侵犯公民个人信息罪纳入刑法规制后，同年出台的《中华人民共和国侵权责任法》（现已失效）首次明确规定公民隐私权。根据 2011 年 1 月 8 日《国务院关于废止和修改部分行政法规的决定》修订的《互联网信息服务管理办法》，正式开始规制在中国境内从事的互联网信息服务活动。2013 年 1 月 21 日出台的《征信业管理条例》，开始规范征信机构与信息提供者和信息使用者的行为；同年 7 月 16 日出台的《电信和互联网用户个人信息保护规定》，开始规范电信业务经营者和互联网信息服务提供者的行为；同年 10 月 25 日出台的《消费者权益保护法》对经营者收集、使用、保护消费者个人信息做出相关要求。为强化网络信息安全，2015 年 8 月 29 日出台的《中华人民共和国刑法修正案（九）》将出售或非法提供公民个人信息的行为入罪。2016 年 11 月 27 日出台的《中华人民共和国网络安全法》正式对我国境内的网络安全进行监督管理。2017 年 11 月 1 日出台的《信息安全—技术移动智能终端个人信息保护技术要求》（GB/T 34978—2017），正式规范移动终端个人信息全生命周期管理的主要标准。2018 年 6 月 27 日发布的《网络安全等级保护条例（征求意见稿）》，把云计算、大数据、物联网等新兴业务纳入监管范围。2019 年关于数据保护的立法陡增，政府和相关行政部门开始愈加注重对公民个人信息的保护；1 月1 日起施行的《中华人民共和国电子商务法》，明确对经营者收集、使用和保护用户个人信息做出相关规定；3 月 3 日出台的《App 违法违规收集使用个人信息自评估指南》指导个人信息保护的落实；10 月 1 日起施行的《儿童个人信息网络保护规定》针对儿童信息进行特定保护；11 月 28 日发布的《App 违法违规收集使用个人信息行为认定办法》为认定 App 违法违规收集使用个人信息行为提供参考。

近两年来，随着数据合规的概念逐渐兴起，立法动态逐渐密集。2020年 3 月 13 日发布的《信息安全技术—个人信息安全规范》（GB/T 35273—2020）规范企业个人信息全生命周期管理的主要标准；同年 12 月 26 日出台的《中华人民共和国刑法修正案（十一）》规定了侵犯公民个人信息的刑事责任。

2021 年，我国政府更是重磅发布了几部能直接指导数据合规进程的法律法规，主要包括：3 月 15 日发布的《网络交易监督管理办法》规定网络交易经营者保护个人信息的义务，并规定市监部门采取措施保护经营者提供的数据安全；6 月 10 日发布的《中华人民共和国数据安全法》以立法的形式规范境内开展的所有数据活动适用该法；6 月 29 日发布的《深圳经济特区数据条例》作为地方法规，创新数据产权及数字交易等制度；8 月 20 日出台的《中华人民共和国个人信息保护法》用以保护境内处理个人信息的活动。9 月 1 日起施行的《关键信息基础设施安全保护条例》，对关键信息基础设施安全保护做了更详细的规定。

《互联网信息服务深度合成管理规定（征求意见稿）》是在 2022 年 1 月 28号正式发布的。该规定指出，深度合成服务用户必须按照规定对深度合成服务用户进行实名认证；深度合成服务提供商应该加强深度合成信息内容管理，采取技术或人工方式对深度合成服务使用者的输入数据和合成结果进行审核；建立健全用于识别侵权和有害深度合成信息内容的特征库，完善入库标准、规则和程序；对违规和不良信息采取相应的处理措施，并对有关深度合成服务用户依法依约采取警示、限制功能、暂停服务、关闭账号等处置措施。深度综合服务商应该强化对综合技术的监管，定期审核、评估和验证算法机制机理；提供具有人脸、声音等生物特征的特殊物体、场景等非生物识别信息编辑功能的模型、模板等工具的，应当自行开展安全评估，预防信息安全风险。

2022 年 1 月 21 日，浙江省第十二届人民代表大会第六次会议高票审议通过《浙江省公共数据条例》（以下简称《条例》），并于 3 月 1 日起施行。《条例》在对公民个人资料的法律规范等方面进行了完善，为公民的个人资料增加了一条"安全锁"。《条例》中明确指出，通过使用有效身份证明的，除法律、行政法规另有约定情形外，禁止通过采集指纹、虹膜、人脸等生物特征进行反复核实。

在这三个方面，《数据安全法》在数据遵从方面具有更深刻的含义，而且加入了多种解释，其主要目标是保证信息合法、有序、畅通地流通，从而推动数字经济的发展，为我国在世界范围内的信息经济发展奠定基础。其主要表现为：

• 《数据安全法》为数据经营者和运营商提供了数据保障，指出了今后的工作重点，并对整个行业产生了正面引导作用。

• 《数据安全法》提倡投诉举报，对投诉和举报人的有关资料进行严格保护，充分考虑群众的需要，保障每个人的正当权益。

• 《数据安全法》要求在整个过程中，对所有信息负有安全责任，强化风险监控和身份验证，并根据企业的实际需要，从信息的等级划分到

　　风险评估、身份认证、访问控制、行为预测、追踪溯源、应急响应、
　　应急处理等方面，建立起高效的防范体系，确保数字产业蓬勃健康
　　发展。

- 依《数据安全法》要求，把发展数字经济纳入国民经济和社会发展的重
　要内容，加强对信息安全的保障，建立统一规范、互联互通、安全可
　控的机制，运用数据安全运营，提升数据服务对经济社会稳定发展的
　影响。

- 《数据安全法》对违反信息安全行为的处罚，以及对违反国家核心信息
　系统，危害国家主权、安全、发展等行为，可以判处 200 万 ~1000 万元
　不等的罚款，并根据具体情况，可处以暂停相关业务、停业整顿、吊销
　相关业务、吊销相关经营许可证、吊销营业执照的惩罚。构成犯罪的，
　依法追究刑事责任。

二、国外数据合规立法动态

　　《中华人民共和国个人信息保护法》的制定基本是参考了欧盟的《通用数
据保护条例》（General Data Protection Regulation，GDPR）①，所以了解 GDPR
能帮助我们理解对数据的管理原则。GDPR 的前身是欧盟在 1995 年制定的《计
算机数据保护法》。GDPR 保证了在特定情形下，用户可请求删除、获取和移
转相关数据，这给我国目前的立法发展提供了非常重要的参考。GDPR 是一种
对欧洲各国（欧盟）公民的个人资料进行保护、对诸如资料的控制和处理人员
等组织的个人资料做出清晰的规范。根据欧洲联盟资料保护局的一般解读，本
准则的目的在于保证对管制方或处理方所进行的具体处置，以保证 GDPR 的一
致性。在这些指导方针中，欧盟数据保护委员会（edpb）列举和明确了 GDPR
区域的应用准则。这个通用的解读对内外的管制和加工企业也至关重要，这样

---

① 于 2018 年 5 月 25 日开始全面施行，一度被称为全球最严格的数据保护法规。——编者注

才能评价遵守 GDPR 的必要性。

在 EDPB 的规则中，已涉及 GDPR 管辖的个体资料时，其所有条款都可用于这种处理。然而，指导方针会指明不同情形下的具体措施，这取决于不同的处理方式，或者它们所在的地方，以及对每个案例所适用的条款。GDPR 的适用范围相当广泛，一般来讲，分为以下 3 种情况。

（1）即便设立在欧盟的机构也并不处理欧盟境内公民的数据，但只要在欧盟境内注册实体就受 GDPR 管辖。

（2）成立于非欧盟内的个人数据控制者或处理者，但是向欧盟的数据主体提供货物或服务（包含免费服务），或者对数据主体的行为监控是发生在欧盟成员国境内的。

（3）设立于欧盟之外，联合参与了对个人数据的处理的机构。

进入欧盟进行商业活动的企业应认真履行 GDPR 规定的相关义务，确保数据使用的合法性，例如使用数据必须经由数据主体同意；保留审核记录，包括资料的用途、资料分类说明、控制者资料等；在资料加工前，控制者应该评估个别资料的保护运作模式的效果；识别、评估、避免或减少资料加工作业中的资料泄露的风险；在其进行跨境个人数据传送时所应遵循的国际性政策，必须确保数据跨境传输的安全性；如果数据控制人需要日常性、系统性地处理大规模个人数据，或者处理特殊类别的源自欧盟国家的个人数据时，则必须指派数据保护专员。

2020 年 12 月 15 日，欧盟委员会公布了《数字服务法案》的草案，该提案为中介服务提供商，特别是社交媒体和市场等在线平台定义了明确的责任和义务，包括针对定向广告的"更透明和知情选择"的规定，明确选择退出和无跟踪器版本的在线平台。该草案还包括全面禁止向未成年人投放定向广告。

第三节 企业数据合规的管理

一、企业数据合规案例

1. 公司在《个人信息保护法》和《个人金融信息保护技术规范》中存在违规行为

《个人金融信息保护技术规范》将个人信息分为三大类：C3、C2 和 C1。这与《个人信息保护法》中有关个人资料的规定存在一些冲突。所以，《个人信息保护法》规定，金融公司所涉及的大部分私人资料都是"敏感的私人资料"，这就要求金融公司要有更多的保密义务。而《个人信息保护法》对于共同处理、委托处理、个人信息转移、对外提供、自动化决策、公共采集六大场景中个人信息处理的规定，蕴含着金融机构应当遵守的法律义务，对于金融机构的合规工作影响重大。对金融机构而言，以下个人金融信息应用场景值得关注：①金融机构线上、线下收集客户个人信息；②集团性质的金融机构之间数据流转共享；③金融机构委托第三方供应商处理个人信息；④金融机构跨境提供客户个人信息。

案例一：浙江某银行违反清算、个人征信、反洗钱规定被罚 2236.5 万元。

中国人民银行杭州中心分行在 2022 年 2 月 30 日发布了一张罚票，其中浙江一家银行被罚款 2236.5 万元，其中 9 位相关人员共计罚款 49 万元。违规的种类有：①违反财务统计法规；②违规操作及违背有关结算制度；③对信用信息的管理有违规行为；④未能按照要求完成对顾客的识别，或者没有按照要求保留顾客的信息和业务信息，或者没有按照要求完成可疑的交易，或者与来历不明的顾客进行业务往来。该公司受到了行政处罚，并被处以 2236.5 万元的罚金。

2. 企业违规进行个人信息的收集和使用的情形

企业在违法状态下收集和利用私人资料进行盈利可能会受到严厉的惩罚。例如《个人信息保护法》规定，违反法律规定处理个人信息，或者处理个人信息未履行本法规定的个人信息保护义务的，由履行个人信息保护职责的部门责令改正，给予警告，没收违法所得，对违法处理个人信息的应用程序，责令暂停或者终止提供服务；拒不改正的，并处 100 万元以下罚款；对直接负责的主管人员和其他直接责任人员处 1 万元以上 10 万元以下罚款。

《中华人民共和国刑法》第二百五十三条第一款，对侵犯公民个人资料的行为进行了处罚。对违反国家法律法规，向他人销售、提供公民个人资料的，应当按照前款的规定予以严厉惩处。在银行方面，雇员非法获取、销售、提供用户信用记录等行为也属于违法行为。

> 案例二：湖南某银行 9 项违规被罚百万元，涉及征信、个人信息收集和使用。
>
> 中国人民银行长沙中心支行发布的处罚信息显示，某银行因 9 项违规被罚 187.7 万元，同时 8 名相关责任人一同被处罚。违法行为类型包括：未经书面同意查询个人征信信息；未经消费者申请、授权或同意擅自收集、使用消费者个人金融信息办理 ETC 业务；未按规定履行客户身份识别义务等。最后结果为警告，并处罚金 187.7 万元。

3. 企业存在一定程度的数据隐私不合规的情形

当前非法收集用户个人资料的常见形式为非法获取、超范围收集、过度索权等。根据《常见类型移动互联网应用程序（App）必要个人信息范围》的咨询文件中所列的类别来评价这些资料的种类和必要性，这些做法是违背必要性的。对于未明确说明使用目的、方式、范围、收集与其所提供的业务不相关的个人信息，未经用户同意而采集使用个人信息，未按法律要求删除、修改个人信息等，可参照《网络安全标准实践指南—移动互联网应用程序（App）个人信息保护常见问题及处置指南》处置。

案例三：腾讯连连、钉题库等 14 款 App 被通报存在隐私不合规行为。

新华社 2022 年 2 月 16 日报道，国家计算机病毒应急处理中心近期通过互联网监测发现 14 款移动应用均有违规操作，这与《网络安全法》《个人信息保护法》等有关法规相关，具有违规收集用户个人信息的嫌疑。

其违规行为包括：第一，在 App 初次运行时，没有以"弹出"等显著的形式提醒使用者阅读个人信息等采集使用规定，或者以"默认"的形式等非明示形式征求用户同意，构成侵犯隐私违规；第二，App 在征得用户同意前就开始收集个人信息，涉嫌隐私不合规；第三，未提供有效的更正、删除个人信息及注销用户账号功能，或者注销用户账号设置不合理条件，涉嫌隐私不合规；第四，没有设立和发布关于信息安全的投诉和举报渠道，或者超出了答复的时间限制，属于侵犯隐私的行为。

4. 企业违反收集生物识别数据的情形

面部识别技术的应用与控制是一个世界性的问题，在国内也得到了高度重视。我国最高人民法院于 2021 年 7 月颁布《最高人民法院关于审理使用人脸识别技术处理个人信息相关民事案件适用法律若干问题的规定》。该规定中的第十四条对涉及人脸识别的民事公益诉讼做出了明确规定："信息处理者处理人脸信息的行为符合民事诉讼法第五十五条、消费者权益保护法第四十七条或者其他关于民事公益诉讼的相关规定，法律规定的机关和有关组织提起民事公益诉讼的，人民法院应予受理。"但目前国内尚无相关案件，若出现类似案件，可以参照美国的案件处理。

案例四：美国得克萨斯州起诉 Facebook 非法收集数以百万计的人体生物学资料。美国得克萨斯州司法部门于 2022 年 2 月 14 日控告 Facebook 利用面部识别技术，在未征得使用者许可的情况下，擅自从使用者的照片及录像中提取生物识别信息，并将相关资料透露给他人。因此，该公司在适当的时限之内无法将资料予以毁灭，违反了得克萨斯州的隐私权法案。该州可能为这起官司争取到上百亿美元的民事赔偿。

5. 企业软件违反 GDPR 规定传输数据的情形

GDPR 建议数据跨国流通的各种机制包括：①通过对经欧洲认证的第三方进行数据的直接传送；②执行公认的标准，通过相关合同、准则的认证等手段，以确保数据的跨国流通；③在获得数据的明示同意、基于公共利益、履行有利于数据的合同或基于机构的合法利益等情况下，也能够实现数据的跨国传递。

案例五：法国 CNIL 认定使用谷歌分析向美国传输数据的行为违法。

法国数据监管机构 CNIL（Commission Nationale de l'informatique et des Libertés）得出结论，谷歌推出的网站流量分析工具向美国传输

的数据违反了 GDPR 的规则。CNIL 表示，它收到了来自数字版权组织的几项投诉，其中涉及在使用谷歌分析期间收集数据传输到美国的情形。该流量监控插件可以用来生成关于访客人数、浏览器参数和其正在使用的设备的报告。案件结果为 CNIL 下令法国网站管理员确保用户数据的处理符合 GDPR 规则。网站管理员不得不停止使用该流量监控插件，或者使用不涉及欧盟的数据传输工具。

二、企业如何进行数据合规管理

1. 金融科技领域

近几年，我国金融领域快速发展，早已不满足于纯粹的金融操作手段，而是运用现代科技手段使金融结合科技进行创新发展。但金融科技产品难以控制，特别是其对数据方面的收集与使用在行业内较为混乱，有鉴于此，我国政府与相关监管机构对金融科技的数据使用进行合规管理主要关注以下 3 个方面：一是穿透式监管企业经营资质，持有相应经营资质是数据合规的基本前提；二是善用技术、良好的行业实践将成为细分行业可持续发展的数据合规路标；三是在遵守《网络安全法》《数据安全法》《个人信息保护法》等通用法律法规的同时，金融数据处理者还需要特别关注金融监管机构关于金融数据特别是个人金融信息处理的合规要求。

具体而言，金融科技领域企业需要注意以下 4 点。

（1）取得所有相关具体资质，以及各类备案认定。除了金融许可证，金融类许可或备案常见的有支付许可、个人征信许可、企业征信备案、信用评级备案等；如业务需要也应取得电信类许可，常见的有 ICP 许可、EDI 许可等。之所以强调这一点，原因是对金融科技领域的企业而言，取得资质且合理地进行安全等级保护备案,既是数据合规义务,也是数据合规工作有序开展的基础。

(2)建立全面适配金融公司的数据合规制度与体系。金融科技机构可以从制度制定、人员配备、体制运行等方面建立适合业务实际的数据合规体系。

首先,是基层配合与顶层支持。数据合规负责人应具备足够高的层级和管理权限,基层人员应全力配合,以保障和推动机构整体健康运行。

其次,数据合规的事前、事中、事后事项需要落地执行。事前,数据合规部门可以通过数据合规培训、数据合规文化建设等方面加强全体员工的数据合规意识;事中,数据合规部门可以在业务前期就参与产品创新、业务流程设计,减少事后纠错带来的内部抵触、成本浪费;事后排查,定期抽检,确认既定措施是否有效落实或是否存在技术故障导致合规瑕疵。

最后,数据业务上的协同。金融科技机构在展业过程中,尤其是项目初期,经常难以在取得"明确具体"的授权场景下与合作方交互数据,数据合规部门应和业务部门、技术部门协同合作。

(3)需要把握金融科技领域的特性。企业特别需要注意数据的分类分级,这样既方便确定合适的数据安全策略,也方便在与各类金融机构的合作过程中对于数据对接和通过合作机构准入的数据进行合规审查。另外,因金融数据的重要性,金融个人信息跨境有严格的前提条件,包括业务必要、客户明示同意、境外接收方为必要关联机构、开展安全评估、符合监管规定、境外机构数据安全保护能力达标,等等。金融科技 App 的数据合规管理也应当格外注意。金融科技机构在打造自有 App 或输出 App 产品时,要注意遵守 App 治理的相关明文规范,避免出现明确列举的 App 违法违规情形。

(4)金融科技机构数据合规要注意监管、交易方、第三方机构 3 个方面。企业的数据合规建设一定要在政府和行政机关的监管框架下进行有效的合规建设。交易各方的责任分配也要落实到位,比如在数据流转过程中应注意协议层面各方的责任分配，要求参与方均应尽到自身合规义务。此外，有效利用第三方机构也能帮助企业高效构建合规机制。数据合规的规制、评测等存在大量复杂的专业问题，有效利用律师事务所、合规事务所往往可以更高效地解决企业遇到的实际问题。

2. 互联网与电信企业

现阶段，我国互联网公司数量日益增长，而互联网公司的数据使用最为频繁，风险也最高。自 2019 年开始，工业和信息化部开始对全国几百家互联网企业陆续提出数据合规要求，主要依据《2019 年基础电信企业数据安全合规性评估要点》和《2019 年互联网业数据安全合规性评估指引》进行相关数据合规工作，并落实对企业的相关检查。

具体而言，互联网企业的数据合规应当注意以下两点。

（1）根据数据安全性的要求，构建企业的信息遵从制度。互联网公司必须构建符合市场需求和国家需求的安全信息遵从制度。《电信和互联网行业数据安全标准体系建设指南》是工业和信息化部发布的，包括基础共性标准、关键技术标准、安全管理标准、重点领域标准，并为各种规范提供支持。特别是在数据采集、传输、存储、处理、交换、销毁等各个全生命周期的数据的基础上，对数据的关键技术进行了标准化。数据安全的主要内容是数据安全规范、数据安全评估、监测预警和处置、应急响应和灾难备份、安全能力认证等。

（2）配合监管机关的数据检查活动。出于监管需要，监管部门对企业的数据新技术、新业务可能定期开展安全评估抽查工作部署会，要求企业结合考核要点内容，抽查企业数据安全合规性评估报告和新技术、新业务安全评估报告。除此之外，行业主管部门还可能采取远程检查、现场检查、专项检查等形式进行监测。对于违反规定的，监管机构会采取约谈、通报、行政处罚等方式，并列入不良信息或不诚信信息。[①]

3. 企业进行数据合规的应有之义

数据合规要求企业在数据要素的市场背景下，作为市场主体，企业可以通过数据交易平台进行交易，也可以依法双方自行交易。但企业在参与及进行数据交易的过程中，以及使用、处分其合法处理数据形成的产品和服务时，应当注意遵守以下规则与义务。

（1）在数据管理中，企业要切实履行数据管理的主体职责，建立数据治理的组织结构、管理体系和自我评价体系，对数据进行分级管理，强化数据质量管理，保证数据的真实性、准确性、完整性和时效性。

（2）企业对第三者开放或提供个人资料，应当是合乎法律规定的。对第三方开放、提供使用个人资料的，尤其是开放、委托处理、提供使用个人资料的，应当订立相应的协议。

（3）企业必须严格遵守有关个人资料的法律、法规和协议。企业使用、传输、委托处理其他市场主体的数据产品或服务，涉及个人信息的，必须符合有关法律法规和协议。并且，企业对数据进行合法的处理，所产生的数据产品、服务，可以依法进行交易。但是，若交易的数据产品或服务中含有未经法律许可的个人数据，或者交易的数据产品或服务中含有未合法公开的公开数据，则不得进行交易。

（4）企业市场主体应当遵守公平竞争原则，不能损害其他企业的数据利益。一是企业不得使用非法手段获取其他市场主体的数据，不能利用非法收集的其他市场主体数据提供替代性产品或服务；二是企业不得利用数据分析，对交易条件相同的交易相对人实施差别待遇（即所谓的"大数据杀熟"），除非有特别需要；三是企业之间不得通过达成垄断协议、滥用在数据要素市场的支配地位、违法实施经营者集中等方式排除、限制竞争。

---

① 参见中国软件评测中心：《企业数据合规白皮书（2021年）》。

　　总的来说，企业一方面要确保数据来源合法合规，合法合规处理数据是参与数据要素市场活动的根本要求。数据来源的合法合规是企业固定自身数据资产，享受数据财产权益的根本所在，故企业应当识别自身的合规义务，做好数据合规工作。另一方面，企业应当规范自身的竞争策略，确保合法合规，积极参与数据要素市场的竞争。国家鼓励利用数据资产参与市场交易与竞争，企业应当结合自身业务特点，针对自己的核心数据产品，规范相应的市场竞争策略，避免使用不正当竞争或违反公平交易原则的手段，破坏市场竞争秩序。

第十一章

企业行政合规建设

企业的刑事合规各界早有关注，而对政府部门与行政执法机关的企业行政合规研究则较少。从实践层面而言，行政机关对企业合规的影响力更大、作用范围更广，原因是行政处罚中的合规风险更为普遍。企业在经营过程中可能因违反行政法规而遭受的行政处罚有污染环境、虚开发票、卫生检疫不合格、侵犯知识产权、违反金融监管法规、违反大数据管理法规，等等。除此之外，《中华人民共和国刑法》第二编分则第三章和第六章有超过 160 项针对企业及其高管的罪名，也以相应的行政违法为基础，包括生产销售伪劣商品、走私、危害税收征管、破坏金融管理秩序、污染环境、侵犯公民个人信息等情形，具备情节严重等条件即可转化为犯罪。综上所述，研究我国企业行政合规的影响势在必行。

第一节　我国企业行政合规的建设现状

一、实践中的企业行政合规

在美国，行政机关早已介入企业运作，督促企业进行合规化管理。2001 年，美国的安然公司作为当时世界上最大的能源、商品和服务公司之一，突然向纽约破产法院申请破产保护，原因是安然公司内部多位高管参与内幕交易。安然公司的破产事件直接触动了美国行政监管机构的红线，促使其开始尝试建立实质性的企业监管机制，加强对企业内控机制和合规管理体系的建构。众多举措中真正能让企业感到畏惧的是监管制裁中的资格剥夺，包括但不限于取消上市资格、特许经营资格等。例如，美国证监会曾因合规问题取消安达信会计师事务所给上市公司提供审计服务的特许经营资格，相当于间接宣判企业"死刑"，而这一制裁行为的性质与行政许可密切相关。

我国行政机关顺应全球化潮流与内部改革需要，走上企业合规治理的道路。2021 年 4 月 10 日，国家市场监督管理总局对阿里巴巴做出行政处罚决定，责令阿里巴巴集团停止违法行为，并处 182.28 亿元罚款。同时，向阿里巴巴集团发出《行政指导书》，要求其围绕落实平台企业主体责任、加强内控合规管理、维护公平竞争、保护平台内商家和消费者合法权益等方面进行全面整改，要求连续三年向市场监管局提交自查合规报告，并建议公司主动向社会公开合规情况，接受社会监管。

国家市场监督管理总局既对阿里巴巴做出行政处罚决定，又强行要求其进行合规内控管理。不难看出，这既是国家市场监督管理总局给予企业的处罚决定，又是给予企业整改机会的一份强制合规意见。阿里巴巴被行政处罚与强行合规案，是中国第一宗行政合规案例，对我国行政机关执法民营企业产生重大影响，具有借鉴意义。①

2021 年 10 月 8 日，国家市场监督管理总局对美团公司滥用市场支配地位的行为处以巨额罚款，同时也下发了《行政指导书》。指导书中对送餐员劳动收入、投诉举报机制、平台交易规则和收费标准等多个方面提出需要进行全面整改，同样要求美团连续三年向国家市场监督管理总局提交自查合规报告，并更进一步建议美团主动向社会公开合规情况，接受社会监督。②

针对阿里巴巴公司的第一份《行政指导书》要求整个企业内部更加完善合规制度，将本应承担的平台主体责任落实到位，从而能切实保护用户的权益。虽然对阿里巴巴公司开出了金额较高的罚款，但没有对其公司组织及业务进行严苛处罚，而是开出具有强制力的行政合规建议，体现了合规制度首次作为行政领导参与其中，处罚是基础和前提，合规是落脚点与寄予企业的希望。

针对美团公司的第二份《行政指导书》，在合规方面有了新的具体指导思路，包括企业应当如何完善企业内部反垄断合规制度、内部合规机制的参考，包括建立全方位、全流程的合规控制体系（特别是对一线业务人员的管理权

---

① 国市监处〔2021〕28 号。
② 国市监处罚〔2021〕74 号。

限进行有效管控）、明确合规管理要求和流程，以及完善合规咨询、合规检查、合规汇报、合规考核等内部机制，定期开展合规培训等。

尽管还有进步空间，但以上两份行政处罚决定书开启了行政机关在实践中推进企业合规管理的先河，起到了良好的示范作用。总之，法律与政策上给到企业合规的指导导向与建议措施以规范民营企业经营行为，长远来看，对于培育营商环境与市场繁荣发展均有裨益。阿里巴巴行政处罚与合规案例属于中国行政合规第一案，势必影响各省市级行政监管部门的发展方向，促进民营企业新时代政策背景下把握更大的发展机遇。

目前，苏州市已率先发挥行政部门的专业性特点，聚焦企业受到行政处罚的高频违法行为，根据违法行为的出现频率、处罚程度设定相应风险等级，科学设置清单事项。最终，34 个市级行政执法部门制定的 527 条事项和 10 个县（市、区）制定的 2447 条事项被纳入清单。[①]这意味着行政监管在企业合规中的地位日益凸显，政府也认识到由专业的行政机关来管理相关市场的优势。并且，合规的本意为合乎法律等规范性要求，而现阶段的部门合规指引本质上都属于行政立法的范畴，但现阶段从行政法的角度，以及从企业合规的政府责任方面，考虑政府行为对企业合规影响的研究甚少，有必要在该层面深入研究。

二、企业行政合规的立法现状

我国企业合规的发展起步较晚，政府部门与行政机关在其中起到了牵头作用。一开始是仅由一些专门的行政机关对行业特定领域发布合规指引，如 2006 年，中国银监会[②]仿照巴塞尔银行发布的合规文件，发布了《商业银行合规风险管理指引》；2007 年 9 月 7 日，中国保监会[③]发布了《保险公司合规管理指

---

① 苏州市企业行政合规指导清单，见苏州市政府网站。
② 全称是"中国银行业监督管理委员会"。
③ 全称是"中国保险监督管理委员会"。

引》①；2008 年，中国证监会发布了《证券公司合规管理试行规定》②。2017 年，中国证监会通过对证券企业合规管理的经验总结，发布了《证券公司和证券投资基金管理公司合规管理办法》等。

以上行业规定都是限制与本行业内的规范倡导，并没有形成市场趋势。自 2014 年 12 月 15 日始，依据国际标准组织 ISO 发布的《ISO 19600—2014 合规管理体系指南》中的要求，我国国资委明确提出要加强企业合规管理体系建设，并将其列入"中央企业法制工作新五年规划"。2016 年，国资委选定中石油、中国移动、招商局、东方电气和中国铁工 5 家央企进行试点，探索合规管理体系建设的方法。2017 年 12 月 29 日，国家质量监督检验检疫总局、国家标准化管理委员会正式批准、发布《合规管理体系指南》（GB/T 35770—2017）国家标准。

我国的合规元年应为 2018 年，这一年国资委针对中央企业发布了《中央企业合规管理指引（试行）》，该文件对中央国有企业强化合规经营、构建合规体系提供了全面的指导意见，更为广大企业进行合规管理提供了一个标准化指引，意义深远。同年 5 月，全国企业合规委员会在贸促会③的推动下建立。同年 12 月，国家发改委牵头与其他六部委共同发布了《企业境外经营合规管理指引》，就此对中国企业境外的商业经营确立了基本的合规标准与合规体系。

自 2020 年以来，司法机关开始在最高检④的推动下设立企业合规不起诉的改革试点。与此同时，少部分司法机关开始与行政监管部门合作，主要有两种方式：一是与行政机关联合组建"合规监管委员会"；二是合规考察期结束后，邀请监管部门对最终结果进行验收。2021 年 6 月，最高人民检察院与司法部牵头与各部委联合发布了《关于建立涉案企业合规第三方监督评估机制的指导意

---

① 2016 年 12 月 30 日，中国保险监督管理委员会保监发〔2016〕116 号印发通过，公布《保险公司合规管理办法》，自 2017 年 7 月 1 日起施行。与此同时，《保险公司合规管理指引》废止。——编者注
② 已于 2017 年 10 月 1 日废止。——编者注
③ 全称是"中国国际贸易促进委员会"。
④ 全称是"中华人民共和国最高人民检察院"。

见（试行）》文件，昭示着企业合规的标准化及落实不再虚幻，而是有了完备的指导规则作为后盾。

目前合规方向的立法主要以部门规章或规范性文件的形式体现，普适性的合规要求包括：国资委《关于印发〈中央企业合规管理指引（试行）〉的通知》，国家发展改革委、外交部、商务部等《关于印发〈企业境外经营合规管理指引〉的通知》。集中在银行证券行业内的专项要求，包括：2020年修订的《证券公司和证券投资基金管理公司合规管理办法》，国家外汇管理局综合司《关于印发〈银行外汇业务合规与审慎经营评估内容〉的通知》等部门规章，以及国务院反垄断委员会发布的《经营者反垄断合规指南》。

第二节　企业行政合规的重点发展领域

一、证券金融领域

在我国，证券金融领域是最早引入合规概念的行业领域。前文已经提及，早在2006年中国银监会就仿照巴塞尔银行发布的合规文件，发布了《商业银行合规风险管理指引》；2007年，中国保监会发布了《保险公司合规管理指引》；2008年，中国证监会发布了《证券公司合规管理试行规定》。在《证券公司合规管理试行规定》发布后，证券金融领域正式进入全面合规化的管理阶段，行政机关开始对证券公司的合规管理做出系统且具体的要求：一是构建广泛而全面的合规管理体系，在内部建立主动合规管理制度，在外部要求合规管理全面体现在证券金融公司的业务中；二是人员的合规管理，其要求全体工作人员遵守合规管理秩序，在决策、执行、监督各个环节有序操作。

但是，行政机关在证券金融领域的合规管理不止于此，2017年6月，证监会继续发布《证券公司和证券投资基金管理公司合规管理办法》；同年9

月，证券业协会发布《证券公司合规管理实施指引》，以指导证券公司有效落实《证券公司和证券投资基金管理公司合规管理办法》。配合 2020 年新《证券法》的落地实施，证券金融领域推行以信息披露为核心的注册制改革。2021 年，证券市场监管全面落实"建制度、不干预、零容忍"九字方针，并在 5 月发布《证券公司合规管理有效性评估指引（2021 年修订）》（以下简称《指引》），围绕合规管理环境、履行情况、运行状况等方面，要求证券公司主动开展合规管理有效性评估。

在行政立法与行政部门实施的政策规范领导下，证券金融领域已经初步形成合规管理组织体系，体现在以下几点。

（1）证券公司形成了广泛的合规体系。依照证券监管机构和自律组织合规管理政策规定，证券公司普遍组织制定了合规管理的基本制度和其他合规管理制度，并督导下属各单位落地实施。具体的基本合规管理制度包括：综合管理制度，如《员工合规守则》《合规考核制度》；专项管理制度，如《信息隔离墙制度》《反洗钱管理办法》；各部门、分支机构合规管理制度等，对监管要求实现了全覆盖。

（2）配合行政部门要求做出了人员管理上的合规，普遍设置了专门的合规部门，形成了由董事会、监事会、合规总监、法律合规部、分支机构及各层级子公司合规管理岗等组成的多层级合规管理组织架构。该架构组成的证券公司专职合规管理人员也在逐年攀升，合规管理团队素质整体提高，人员基本具备三年以上金融、法律、会计、信息技术等领域的工作经历。

但是，在监管转型和行业创新发展的背景下，证券行业违规问题逐渐显现，暴露出证券公司在各业务条线的合规风控管理漏洞。相关监管机构和司法机关也对证券违法犯罪行为表现出"零容忍"的态度，根据证监会官网 2021 年 2 月 18 日的通报，2021 年共办理案件 609 起，其中重大案件 163 起，涉及财务造假、资金占用、以市值管理名义操纵市场、恶性内幕交易及中介机构未勤勉尽责等典型违法行为。总体来看，案发数量连续 3 年下降，证券市场违法多发高发势头得到初步遏制。

二、医药健康领域

自疫情暴发以来，医药健康领域的合规管理逐渐引起广泛重视。行政机关对医药健康领域的合规管理的监管力度也相应加大，多部重要医事法律、行政法规相继实施。仅 2021 年全年就有数部法律、行政法规对医药健康领域合规发展起到促进作用。例如：4 月 15 日起施行的《中华人民共和国生物安全法》专门规定了生物技术研发、开发及应用的安全监管体系及生物资源的安全监管体系；《医疗器械监督管理条例》于 6 月 1 日颁布施行，第一次在行政管理上为自主研发提供了法律上的合理基础，并建立了第一个"紧急使用"制度和同情给械制度。在违法处罚的强度上，此次修改坚持了监管机构强化处罚的一贯态度，强化个人责任，加重违法后果；《信息安全技术—健康医疗数据安全指南》（GB/T 39725—2020）于 7 月 1 日颁布，针对不同情况，分别给出了相应的合规使用数据、去标识化的方法和授权的配置方法，为医院数据的管理和操作人员的行为提供了指导，对实际操作具有一定的借鉴意义；8 月 20 日通过并公布的《中华人民共和国医师法》，明确了医生多点工作的法定原则，允许医生在两家或更多的医院进行经常性的执业，建立了多个医生的多个岗位，从而实现了更好地分配医疗服务；10 月 26 日发布的《互联网诊疗监管细则（征求意见稿)》，第一次对网络医疗服务进行了进一步的规范。意见草案从细化第一诊禁止规则、医生就诊前实名认证、医患交流、患者实名就诊、禁止统方和补方、医疗人员个人收入不与药品和医学诊断收入相挂钩等方面，对互联网诊疗快速发展过程中出现的问题予以重点关注和回应，加强互联网诊疗监管。从目前的情况来看，政府不但重视线下医疗机构的规范，也重视线上医疗服务的规范。

2021 年 11 月 26 日市场监管总局发布的《互联网广告管理办法（公开征求

意见稿)》，明确了药品、医疗器械、保健食品、医疗服务等使用新的网络销售方式进行促销活动的法律法规，严禁使用网络传播、在面向未成年人的网络媒体上投放"三品一械"的广告。此外，医药行业也出台了多条新的反腐败法规。2021 年，医改工作仍在继续，有关方面已经出台了多项政策，其中包括《关于印发 2021 年纠正医药购销领域和医疗服务中不正之风工作要点的通知》，要求建立良好的医企合作机制，对"回扣"进行严厉打击。

我国药品管理法规遵循的重要准则，既体现在制定法规上，也体现在执行中。早在 2019 年，财政部与国家卫健委[①]联合开展了 77 家药品公司的财务信息质量抽查，重点针对药品的成本和费用构成，以及药品销售中存在的违法现象。通过调查，发现一些药品公司存在下列问题：①使用虚假发票、票据套取资金，比如使用非相关人士出差发票套取资金；②编造商业活动或通过药品促销公司套取资金；③编造不真实的学术会议套取资金，向无实际业务往来的营销推广服务企业支付服务费用等；④账簿设置不规范等其他会计核算问题。财政部对其 19 个制药公司进行了行政处理，而对其他药品生产单位，则要在当地进行行政处罚。从此次抽查中可以看出，药品行业的合规性经营存在极大的风险，需要引起足够的重视。这主要体现在以下 3 个方面。

（1）药品生产成本的真实性：主要审查药品公司有无以咨询费、会议费、住宿费、交通费等发票为主要目的；是否有医院将会议费、办公费、设备购置费用等转嫁给医药企业；是否存在通过专家咨询费、研发费、宣传费等方式向医务人员支付"回扣"的现象。

（2）检验成本的真实性：重点是检验公司在采购原料时，有无虚报单据等手段，以提高采购成本；把各医药公司的制造费用分成，其分配比例是否合理，有无故意提高生产成本。

（3）在收入的真实性问题上，主要考查了公司有无使用高额增值税发票等

---

① 全称是"中华人民共和国国家卫生健康委员会"。

手段，以及在扣减了增值税后，以劳务等形式向医疗单位等单位发放。另外，采购的药物数量给医药单位或医护人员"回扣"等问题也将是重点核查对象。

第三节　行政机关对企业合规采取的监管方式

一、行政机关制定规范性文件以引导企业合规

早在企业合规还没有引起国内市场注意之时，诸如原中国银监会、原保监会和中国证监会等单位就已经采取积极行动争取与国际接轨，制定了本行业内的行业规定，以文件形式对行业内合规进行指引，奠定了我国的企业合规管理以行政为主导推进的基本模式。前文中提及的不同领域中的立法活动与行政立法活动都在其内容中有包含对企业合规的指导和规范趋势，但专门针对企业合规这一活动而言还没有专门的立法或行政法规对其进行规范。

自 2018 年开始，国家行政机关综合性地对企业合规问题进行指导推进，同时发布的部门性规范文件的产生主体与效力也随之上升，如国务院国有资产监督管理委员会发布的《中央企业合规管理指引（试行）》，国家发展和改革委员会同其他六部委联合发布的《企业境外经营合规管理指引》，最高人民检察院、司法部、财政部等发布的《关于建立涉案企业合规第三方监督评估机制的指导意见（试行）》等指导性文件。不过这些文件都存在其局限性和适用场景的单一性，例如：《中央企业合规管理指引（试行）》的指导客体仅限于中央企业，《企业境外经营合规管理指引》限定了企业合规的适用情景，《关于建立涉案企业合规第三方监督评估机制的指导意见（试行）》则是主要集中于对第三方评估机制的指导。也就是说，没有一部综合适用范围广、针对企业类型广、效力级别高的行政法律法规对企业合规进行指引，但这并不影响政府部门等行政机关用制定行政规范性文件的"指引"模式，引导企业进行合规管理。在各

种指引、指导意见中也不乏强制性意见。总体来说，在制定文件时刚柔并济，确立了我国的企业合规活动是由行政机关主导推动的基调。

二、设置合理的行政激励与惩罚制度

在西方国家，许多企业会主动进行合规管理，因为合规对于这些企业而言能够成为企业违法违规之后争取政府机关宽宥处理的一道防线。现今学界对企业合规的刑法激励机制正在进行广泛讨论，而少有目光关注到企业合规的行政法激励机制。在美国，很早就有学者认为刑法激励机制是一种对抗性更强、适用范围较极端的方式，企业合规的行政法激励机制更能在企业日常运营中运作，并更加温和、有效。[①] 就行政机关方面而言，设置合理的行政激励与惩罚制度也符合行政的目的，能达到较好的管理效果。行政激励措施的原则性法律依据为《中华人民共和国行政处罚法》第六条与第二十八条[②]，其中表明行政处罚的目的是教育与惩罚相结合。因此，当企业违反行政处罚法时，行政机关要求企业建立合规管理体系，改正违法行为，并防止以后再犯，这是行政处罚法的基本法律原则。

目前，国家市场监督管理总局在对阿里巴巴与美团公司的行政处罚指导书中也确实吸取了意见，在指导意见中明确对以上企业进行强制合规并提交报告。在两起案例中，行政机关对企业都处以巨额罚款，并要求其做出合规管理方面的改善。从案例本身进行分析，行政机关应是考虑到企业的影响力和存续需要，已经减轻与免除了部分行政处罚，仅课以罚金。不仅如此，我国行政机关也在积极探索，在证券、金融领域已经出现了行政和解制度及公司严格制度

---

① Baer M H . Governing Corporate Compliance［J］. Social Science Electronic Publishing，2009，50.
② 《行政处罚法》第六条规定：实施行政处罚，纠正违法行为，应当坚持处罚与教育相结合，教育公民、法人或者其他组织自觉守法。第二十八条规定：行政机关实施行政处罚时，应当责令当事人改正或者限期改正违法行为。

的引入。① 据此不难看出，行政机关已经做到从源头上管控资本市场、促进大宗企业的合规风险管理，诸如国家市场监督管理总局这样的行政机关，以行政指导的形式推进大型企业的强制合规，以此建立相关激励制度与惩罚制度，在风险到来前就促使企业自觉合规，以明确的制度实现有奖有惩、赏罚分明的红线，防患于未然。

三、企业常态化合规监管评估机制

现阶段，由于部分企业在跨境贸易中因自身管理不规范、缺乏合规意识而触犯境外国家法律法规或国际规则而被制裁，许多西方国家和国际组织已经建立起较完备的合规激励体系，使得我国企业开始接触到合规的概念以获得境外行政机关或国际组织的宽宥处理，从而侧面引起了我国企业的合规风潮。而我国现阶段政府机关自主推进的合规指引与合规案例中已经对企业合规管理的常态化监管提出要求。究其根本，在于行政机关的执法和调查相比刑事机关而言更常态化，也更适合对企业管理进行风险控制。

在过去的几年里，《中央企业合规管理指引（试行）》等相关文件规定，要在中央企业建立一个与公司法制建设领导小组或风险控制委员会合署办公，负责合规管理的组织领导和统筹协调工作，定期召开会议，研究决定合规管理重大事项或提出意见建议，指导、监督和评价合规管理工作。这说明我国权力机关已经开始意识到合规管理应侧重于制度层面，贯穿于日常工作中且运行实效需要审计监督进行评价。2021 年 6 月 3 日，最高人民检察院等九个部门联合印发了《关于建立涉案企业合规第三方监督评估机制的指导意见（试行）》，意见要求建立健全对涉案企业合规的第三方监督评估机制，依法推动企业合规监管改革，促进企业合规第三方监督评估机制，有效惩治和预防企业违法犯罪，服

---

① 李东方.论证券行政执法和解制度——兼评中国证监会《行政和解试点实施办法》[J].中国政法大学学报，2015（3）：17.

务和保障经济社会高质量发展，助力推进国家治理体系和治理能力现代化。从 2020 年 3 月开始，全国人大常委会①对 6 个基层检察机关进行了首次企业合规制度改革的尝试。这一制度是指检察机关在审理涉企犯罪的过程中，对符合"公司合规改革"的规定，将其移交给"管委会"的第三方监督评估机构（以下简称"第三方机构"），负责调查、评估、监督、考察相关公司的承诺，并将考察成果用作司法机关依法处置的重要依据。

设立第三方评估机制是为了对符合条件的企业进行考察监督及后续处理提供一套法律操作指引。其背后体现的是司法机关执法理念的进一步更新、转变，在追诉犯罪的同时注重预防、教育、挽救涉案企业的司法精神，企业合规的常态化监管机制会从司法机关进行推广，并应用到日常监管之中。

四、行政处罚与刑事处罚联合行动，以达惩戒目的

在企业违规的诸多种情况中，当企业严重违反法律法规，触犯刑法的红线，则会由检察院立案对其进行起诉。在这种情况下，违法主体一般也触犯了行政法律法规中的相关规定，可能触发多种犯罪的情况。在欧美国家，尤其是金融领域，这样的案例屡见不鲜。企业违反刑事法律规范的同时被政府监管部门追究违法责任，相关行政部门与美国司法部可能会同其他政府监管部门与涉案企业达成一批和解协议。在美国，负责企业合规的司法部代表大多数是美国检察官办公室配备的工作人员，故其在监督、调查企业时会带有敌对性，这是由检察官的培训体制所决定的。这样，在信息的收集和管理上可能给工作开展造成不利后果，就检察官而言，利用公司可能需要承担的刑事责任来推动对员工个人或公司的合规，本质上属于用另一种方法对企业发出警告。②事实上，美国本土也有许多专家学者批判该模式，认为当检察官承担"监管者"的额

---

① 全称是"中华人民共和国全国人民代表大会常务委员会"。
② Rebecca Hollander-Blumoff，Tom Tyler. Procedural justice in Negotiation：Procedural Fairness，Outcome Acceptance，and Integrative Potential［J］.Law & Social Inquiry. 2008（2）.

外角色，会为这种对抗性立场付出相当大的成本。其中罗伯特·卡根（Robert Kagan）着重批评，认为付诸刑事诉讼会使得解决问题变得"明显效率低下，复杂、昂贵、不可预测"，因为它激发其主要参与者之间的法律防御和争论。而这些态度，反过来会阻碍社会建设性合作、政府行动和经济发展。[①] 在企业合规背景下，检察官与企业自然是互不信任的，除了协商对公司不法行为的特定处置，检察官不会定期出现在公司监督的场景中。尽管美国政府一直描绘政府和企业为合作伙伴，但检察官能得到的信息其实很少。[②]

与此不同的是，我国政府在遇到类似状况时一般采取"双轨执法体制"[③]，且由于我国的行政执法机关的数量较多、专业水平较高，故企业一般在违反行政法律法规阶段即会引起相关行政机关的注意，对其进行相关处理，在处理过程中，行政机关可能发现企业违反法律法规的程度已达到刑事犯罪限度，即会移送公安机关。由此可见，相较于美国的司法习惯，我国的行政机关在对企业的监管上无疑有顺序上的前置位置。在这种情况下，行政机关对企业的处罚与合规管理的监管方式还需要考虑到与刑事司法的衔接，不然既容易造成资源的浪费，也不利于刑罚的展开。例如，在企业违规问题的处理上，行政处罚与刑事处罚是否会重复罚款，或者行政处罚太严厉而造成现在刑事合规领域的"合规不起诉"失去原本的吸引等问题。

这不仅仅是行政部门机关与司法机关沟通合作的问题，更是政府对企业监督管理制度安排的问题。

2020 年 3 月，最高人民检察院启动企业合规改革试点，在深圳市宝安区等 6 个基层检察院开展，深圳市宝安区也已经开始推行"不起诉从宽处理＋行政从宽处罚"的双重激励机制，将刑事合规向行政合规领域延伸。2021 年，人民

---

① Robert Kagan, Adversarial Legalism: the American Way of Law 3, 9（2001）; Lynch, supra note 186, at 2143.

② William H. Simon, Solving Problems vs. Claiming Rights: The Pragmatist Challenge to Legal Liberalism, Wm. & Mary Law Rev. 46:127-212（2004）.

③ 朱孝清. 企业合规中的若干疑难问题［J］. 法治研究, 2021（05）.

检察院等九部门联合发布的《关于建立涉案企业合规第三方监督评估机制的指导意见（试行）》，也正式将与企业监管相关的行政机关引入涉案企业合规改革试点工作之中，共同负责与企业合规整改相关的监督工作。在企业合规刑事激励制度推出过程中，如何与行政机关衔接，需要建立行政合规管理体系，检察院作为企业合规刑事激励制度试行单位，在企业建立合规管理体系时遇到了专业问题，例如：涉及虚开增值税发票，需要和税务机关联动；在企业的合规计划内容中是否要求包含建立防范行政风险的内容；企业免除了刑事处罚，是否同时能够免除行政处罚，不免除的如何衔接；等等。上述这些情况都说明，企业合规刑事激励制度的推行需要和行政机关的衔接与配合，如有企业合规行政激励制度的推行，就能大大消除二者衔接的障碍。

五、多样化的行政执法手段

行政监管意指政府作为监督主体对其辖区范围内某些事务的监视与管理。从世界经济的发展规律可见，行政监管是同市场化相生相随，是市场管理中必要存在的一极。[①] 即使是在极度崇尚自由市场的美国，研究者也普遍认为，政府的适当管理是有序管理社会的必然条件。而我国的行政机关在各自领域拥有较大的行政管理权限，不同管理方向的行政机关通常对该领域内的运营企业有着不同的监管目标，并有权命令企业立即停止违法行为，部分机关还可以施加罚款、吊销执照等不同类型的行政处罚。基于市场中企业数量的考量，如果想达到我国企业全面化合规管理的理想状况，就必须将行政监管制度加以最大化利用，借用行政力量，从趋势化企业合规变为强势化企业合规。

除了通过发布合规指引，行政机关还应进行多样化的行政方式革新。

---

① 沃伦.政治体制中的行政法［M］.北京：中国人民大学出版社，2005：127.

1. 实施具体的行政引导方法，引导企业遵守

行政指导是指行政主体在其职责、主体或权限范围之内，根据国家法律原则和政策，在适当的时机灵活地运用非强制性的方式，以达到特定的行政目标，而不会直接发生法律效力。行政指导是一种具有示范、倡导、咨询、建议等性质的行政指导行为，不能对行政相对人产生约束和强制作用。作为一种现代行政方法，它有别于传统的被动行政，是对行政行为的积极补充。因此，它并没有带来相应的法律后果。首先，将指导层次划分为宏观指导与个体管理。有关部门的行业政策，一般都是由政府主导的，而这一次，由市场监督管理总局下发的行政指导书，就是一种具体的行政指导。其次，按职能划分，可划分为规律性行政指导、调节性行政指导、促进性行政指导。其中，规律性行政指导是防止或阻止妨碍的行动，调节性行政指导是协调或调节冲突的行动，而促进行政指导则是鼓励和激励的行动。

在推动企业合规管理的过程中，对个体经营者进行行政指导，不但可以极大地推动指定企业的规范化，而且对于整个行业也具有很好的借鉴意义。2021年4月和10月对阿里巴巴和美团的两次行政指导就是典型案例。由这两个案例可见，行政指导的针对性较强，能行之有效地促进具体企业的合规管理，从而降低其系统性风险。

2. 引入行政契约的方式推动企业进行合规管理

契约行政法理精神与企业合规监管思路相适应。契约的本质属性是双方合意，而行政限定了契约的意涵，决定了契约行政不能脱离公共服务与行政管理，其背后的实质体现了行政优益权与合同自由的博弈关系。在契约行政中，行政优益权的来源为行政机关职权的延伸而非协议中的权利，其存在解决了现代合同在市场公平与契约自由间的不平衡。[①] 企业合规的监管亦然，企业本身属于市场中独立自由的个体，能自由决定其管理方式，但也需要行政机关正确

---

① 尹田．法国现代合同法［M］．北京：法律出版社，1995：16-40.

的引导与调节以帮助其规避风险，从而维持市场的公平营商环境。

从本质上讲，契约行政与企业合规的行政管理都是行政机关为形成健康良好运行的市场环境、维持公共秩序而采取的行政方式，而将契约行政的理念融入企业合规监管，能够加快企业合规管理的步伐。企业合规中的行政契约是指企业和执法机关之间签订的，通过建立企业内部合规管理机制实现行政管理目的的协议。这种制度彰显了契约行政的现代行政法治理念，可以有效回应复杂经济领域中传统行政监管的低效问题。事实上，实践中也已经出现了告知承诺制这类企业合规协议制度的改革举措，如《住房和城乡建设部办公厅关于开展建设工程企业资质审批权限下放试点的通知》（建办市函〔2020〕654号）中就有告知企业需要进行承诺的相关规定。证券金融领域也引入了行政和解制度，实际上就是行政机关与企业以协议形式达成和解，以促进企业合规发展。例如，中国证券监督管理委员会与高盛有限责任公司、北京高华证券有限责任公司及高盛（亚洲）和高华证券的相关工作人员达成行政和解协议，约定企业缴纳和解金及企业合规自查报告以换取免于行政处罚的结果。行政和解目前应用并不广泛，但促进企业合规的效果不错，未来可能会全领域、全平台进行推广。

第四节　企业如何配合行政机关在合规管理上的考察与监管

根据前文所述，我国的企业合规遵从的内涵已逐步清晰。公司遵从的实质是确保公司符合各种"规则"，而行政法规是以行政机构为主导的"行政规则"来推进企业的，从而保证了市场的稳定运转，增强了企业的风险控制。行政管理部门通过制定不同的法规推动公司遵守，对违法的企业从宽处罚。

但是，企业合规并不能仅仅立足于被动的合规，即等到行政合规风险或刑事合规风险来临时才想到如何合规，而应主动遵守法律法规，合法经营，减少或降低行政合规风险和刑事合规风险的发生。企业应当防患于未然，避免因违法违规经营而遭受行政监管或刑事追究的风险，而在公司内部建立守法经营的经营理念和经营模式，同时争取在行政监管或刑事追究过程中构建从轻甚至免除处罚的公司合规经营管理体系。本节分别从行政机关介入前与介入后阐明企业如何配合行政机关在合规管理上的考察与监管。

一、企业应了解行政机关的合规管理规范

1. 企业应基本了解普适性规范以进行合规管理

前文已经介绍，目前政府部门及行政机关为推进企业合规所出台的各类规范性文件，其中 2018 年 11 月 2 日国资委发布的《中央企业合规管理指引（试行）》（以下简称《合规管理指引》）应是目前最具参考性的企业合规指引，明确了全面覆盖、强化责任、协同联动、客观独立的 4 个合规管理原则，强调建立全面合规管理体系，对合规管理体系的构成要素进行了全面、明确的规定。2022 年是《国企改革三年行动方案（2020—2022 年）》实施的最后一年，2021年 12 月 3 日，国资委召开了中央企业"合规管理强化年"工作部署会，要求力争通过一年时间推动企业合规管理工作再上新台阶，对中央企业的合规管理提出了更明确、具体的要求。中央、省、市三级指引的发布，是相关国有企业进行合规管理建设的纲领性文件。随着国有企业对相关要求的进一步贯彻落实，国有企业的合规管理必将取得实效，亦能助推《国企改革三年行动方案（2020—2022 年）》的最终实现。《合规管理指引》对国有企业的合规管理具有较强的参考意义，各类企业均可参考此规定对企业内部进行改革管理。

（1）企业应明确合规管理机构及其职责。

在《合规管理指引》中，明确了由董事会、监事会、经理层、合规委员会、合规管理负责人和合规管理部门，以及监察、审计、法律、内控、风险管理、

安全生产、质量环保等相关部门组成的合规管理组织架构。在此基础上，企业应对合规管理负责人的人选、合规管理（主导）的设置进行详细的分析，同时还应建立一套对董事会、监事会和高级管理人员行之有效的监管。

（2）企业应当建立合规管理运行机制。

《合规管理指引》明确了合规管理运作的运作模式，包括合规管理、合规风险管理、合规审查、合规审核、违规举报、调查和问责等。可以说，《合规管理指引》的第四章从合规机制的构建、评估到事后监督都有着全方位的规定和指引，以保证合规管理机制的顺畅运行。在此，笔者建议企业在此基础上建立合规联席会议、合规风险监测预警、合规咨询等机制。为了对中大风险事项进行把控，涉及重大合规风险领域的业务部门，要及时将有关业务提交合规管理（牵头）部门进行事前咨询，主要领域包括但不限于重要合同、海外业务、财务税收、政府事务、采购销售等。

（3）企业应强化合规管理的保障机制。

《合规管理指引》列出了企业合规管理的各种保障措施，这些措施涵盖但不限于合规考核评价、规范管理信息系统、合规培训、合规报告、企业合规文化建设等合规管理体系构成要素，并做了规范规定，要求加强合规考核评价、加强合规管理信息化建设、建立专业化高素质的合规管理队伍、加强重点合规培训、积极培育合规文化、建立合规管理报告制度等。在这一过程中，企业要充分利用"关键少数"作为企业合规管理制度的重要组成部分，切实落实推进企业法治发展的第一责任人职责；要将合规管理作为谋划、部署法治企业建设大局工作的重要内容，让合规工作落于实处；必须对在企业合规管理制度建设中做出重要成绩、有效防范重大违规行为、填补重大亏损做出重大贡献的单位和个人予以表彰和奖励。

2.企业应密切关注行业领域的合规文件

行政机关推进企业合规进程的显著优势之一，即能划领域进行专业指导，做到面对面、点对点的规范导引。前文已指出，在证券、金融领域与医药领域已形成系统化的企业行政合规规范。而如何在领域规范中找到重点，做好相关合规工作，才是本书的写作目的。

（1）证券、金融领域的企业行政合规风险提示。

证券、金融领域的企业应当依据以上列举的行政规范性文件规范自身经营行为。笔者依据新《证券法》与《中华人民共和国刑法修正案》，对证券、金融领域合规做出行政上的如下风险提示。

第一，要重视信用合规和会计舞弊问题。

我国的股票交易和信息公开越来越规范。按照新《证券法》和《刑法》的有关条文，上市公司未按照《公司法》的有关法律法规，在发行人未遵守有关规定的情况下，将会被视为违法，甚至犯罪。新《证券法》明确了公司的信息公开义务，规定了发行人和法律、行政法规及中国证监会要求的其他相关义务。具体包括：扩大披露对象的范围、完善披露的内容、强调对投资者的价值和投资决定的重要信息、对披露义务人的义务、明确上市公司并购人应当披露增持股票的资金来源；建立发行人及其控股股东、实际控制人、董事、监事、高级管理人员公开承诺的信息披露制度等。

随着我国全面实施注册制度，我国政府在证券市场的管理模式发生了重大转变。其具体表现为：精简审批程序、突出风险控制、加大对违法行为的惩罚力度，以及构建一套系统的信息公开制度。我国证券市场监管模式的变革，有效分散了政府的监管压力，不仅明确了券商的信息披露责任，而且对其进行了制度规范，强化了企业的合规管理，减少了系统性风险。在现实生活中，为了更好地发展，上市公司可以通过对公司的财务状况进行调整，以实现对公司净利润的影响，也可以通过将资金转移到购买协议中获得更高的收益。尤其值得关注的是，根据不同的执行阶段，财务舞弊行为会产生截然不同的后果。最严厉的处罚基本是在上市阶段，会构成有别于普通的违法披露的欺诈发行，而对于普通的违法披露，则要严格得多。此外，在刑事法律领域，欺诈发行证券罪的行为主体可以分为单位和个人，其中在单位犯罪情形下采用双罚制；而违规披露、不披露重要信息罪的行为主体为单位（不包括控股股东、实控人犯罪情形），刑罚层面采用单罚制，即仅由主要负责的主管人员和其他直接负责的人员承担刑罚。从以往的办案数据来看，企业在进行合规管理制度设计时应当着重注意信息披露，特别是财务信息披露的管理，有针对性地进行风险评估、防范。

第二，注意股份增减持与内幕交易问题。

股份增减与内幕交易问题向来是企业合规管理需要管控的重点风险，目的是保护金融市场的公平运行，打击利用信息差牟利的非法行为，进一步加强投资者保护。2001 年的美国安然公司破产事件，正是公司的数名高级管理人员涉嫌内幕交易所致。安然事件之后，美国政府开始着手构建公司内部监督制度，强化内部控制和规范制度。

我国新《证券法》的施行，加强了对重要股东和董监高增减持股份及利用内幕信息的优势进行交易攫取利益的相关监管。根据新《证券法》第五十二条第一款规定，内幕信息的判断标准有以下 3 点。

- 关联性：内幕信息是与发行人本身密切相关的财务或经营等方面的信息。

- 重大性：该信息会对发行人证券的市场价格产生重大影响（新《证券法》第五十二条第二款明确规定了信息披露中的重大事件满足重大性标准，即构成内幕信息）。

- 未公开性（或秘密性）：该信息尚未公开，仍由少部分内部人员掌握。行为人基于已公开的信息进行交易的，通常不构成内幕交易。

在实践中，由于《刑法》一般认定标准较高，许多危害程度不足以构成刑事犯罪的股份增减与内幕交易行为仍受到行政监管部门的监管，并依法对其进行相关行政处罚。根据该问题的立法及行政机关监管的现状，笔者能提示的风险为：首先，企业应当在整个合规管理制度设计和运行时控制股份增减的异常动作及实时监控内幕信息交易的动态发展；其次，当行政调查和刑事调查同步启动时，企业合规部门与律师应当尽早介入调查，通过提供信息、配合调查的形式将后果控制在行政调查阶段，尽量达成行政协议；最后，如果实际情况符合刑事立案标准，企业应尽早配合相关部门争取从轻处理，达成合规不起诉协议，或者为刑事阶段的辩护做好充分的事前准备。

第三，注意关联交易与背信行为的问题。

《公司法》对关联交易做出了基本规定，并将其视为公司控股股东、实际控制人、董事、监事、高级管理人员及其与公司直接和间接控制的企业的关系。《企业会计准则第 36 号——关联方披露》是我国财政部制定的一项重要制度，借鉴《公司法》对其进行了详细界定，并列出了关联方的具体情况。其具体表现为：一方控制、共同控制另一方或对另一方具有重要的影响力，且双方或多方均为同一方控制、共同控制或有重要影响力者，则为关联方。根据该问题的立法及行政机关监管的现状，笔者能提示的风险为：首先，在整个合规管理制度设计上，企业应加强各类关联交易和疑似关联交易的审查力度，并广泛而全面地进行监管与执行，保证证券交易市场健康良好运行；其次，在合规体系运行的过程中，企业要保证能准确识别关联交易的行为及其他损害上市公司利益的行为，在精准防控的基础上准确管理，充分识别、分类管理。证券行业的合规具有特殊性，不仅需要熟悉证券金融的相关法律，更需要金融、财会等专业知识进行支撑，这就要求合规工作负责人员和证券合规律师需要具备跨学科的思维方式和处理能力。

（2）医药健康领域的企业行政合规风险提示。

医药健康领域的企业应当依据以上列举的行政规范性文件规范自己的经营行为，笔者依据 2021 年 3 月 25 日中国化学制药工业协会（CPIA）正式公布的《医药行业合规管理规范》（以下简称《医药规范》）对医药健康领域合规做出行政上的如下风险提示。

第一，企业应遵守礼品或服务规范。规定中提出，医药行业从业者禁止提供个人礼品或服务，为礼品服务提供了原则性依照，同时提出了符合商业习惯且金额适当的风俗礼品、纪念品除外，并在其中明确指出企业应当根据实际情况制定政策，明确允许赠送的礼品、纪念品价值的标准，例如不超过 300 元。超过该等标准的礼品，应当经过合规部门的特别审批。企业还应当制定标准，明确一定时期内向同一主体赠送礼品、纪念品的累计金额标准。

第二，企业应当明确住宿、交通、餐饮等招待规范。企业因基本需要为医师提供正常活动的规范招待是合理的，关键在于限度的控制。《医药规范》中明确规定可提供的服务于互动交流活动的招待类型应限于住宿、交通和合理的餐饮，并且须与活动目的密切相关，企业应当事先制定因地制宜的标准。

第三，企业聘请医疗卫生专业人士提供咨询或其他服务也应当遵守适度原则。为发展之需，医药企业可以聘请医疗卫生专业人士在其举办的学术会议及讲座上担任讲者或提供其他劳务，但应当遵守相应原则。比如讲课费或其他劳务费的支付目的应基于劳动成果，不能诱导医疗卫生专业人士开处方、推荐、采购、供应和 / 或使用任何药品；也不能鼓励或奖励讲者在过去、现在和将来使用或支持医药企业产品。其重点在于规定清晰，向讲者支付的讲课费或其他劳务费不得超过所提供劳务的市场公允价值，医药企业应在内部规章制度中列明具体费用标准。

第四，规范医药企业发票核验与财务制度。财务与审计向来是企业合规管理中的重点难点，为了进行良好管控，最直接的方法为规范企业发票核验。具体来说，企业应当建立与其业务规模相适应的发票核验制度，对于超过一定金额以上的发票，除核验发票本身的真实性以外，还应当核验发票所对应交易关系的真实性，包括审查相应交易关系是否签订书面合同、合同内容是否合理、合同是否真实履行等。这也是为企业自身风险把关，尽最大努力避免企业内部员工与第三方之间串通套取企业资金并用于对外行贿等违法目的的情况发生。

近几年，国家市场监督管理总局、国家药品监督管理局、国家财政部、国家税务总局、国家发展和改革委员会、国家卫生和健康委员会、中共中央网络安全和信息化委员会办公室等监管部门不断出台新政，进行单独及联合执法，从反商业贿赂、反垄断、财务与税务、产品推广、集中采购、环境、健康和安全、不良反应报告、数据合规及网络安全等领域对医药行业内的企业进行全面规范，对企业合规管理提出了更加严格的要求。综上可见，国家对药品及医疗器械企业的监管力度在不断升级，对后续市场推广的合规管理提出了更加严格的要求，每个医药企业都需慎重对待。

（3）房地产企业的行政合规风险提示。

在实践中，许多行业领域都有其特殊性，需要政府部门根据其行业特性进行合规指引。在近几年的合规领域中，房地产企业行政合规也应引起注意，具体如下。

第一，项目公司数量庞大，必须重视资质是否符合要求。在设立项目公司时，首先要关注的是项目公司的相关资格。实际上，由于税收和其他因素，房地产开发商通常会采取在本地建立项目公司的模式。但是，由于项目公司成立之初，其经营年限、业绩等原因，通常只能获得临时资质，从而限制了其发展区域的规模。由于项目公司是房地产开发的合法主体，如果项目公司开发的区域超出了资质范围，将会对房地产开发造成很大影响。

第二，房地产公司在开发过程中存在的法律法规问题，在房地产开发过程中，需要进行各种证件的审批。如果开发商在施工中没有取得相关证件，将会有行政违规的风险。

第三，销售符合包括销售条件、宣传、价格、销售方式、委托销售等。关于销售的条款，无论是《商品房销售管理办法》还是《城市商品房预售管理办法》，均有明文规定，未经预售许可不得经营。《最高人民法院关于审理商品房买卖合同纠纷案件适用法律若干问题的解释》第二条规定，未获预售许可，销售人与买方订立的销售合同应被认为是不合法的。预售许可直接关系到商品房买卖的合法性，所以房地产企业要严格按照法律规定，实行相关的经营管理，以免产生法律上的风险。

二、企业如何配合行政机关开展行政合规管理

企业行政合规意为企业的日常经营与运行应当符合国家法律法规、部门规章，积极响应国家的大政方针政策，具体包括产品质量、环境保护、安全生产、财会税务、数据安全、劳动人事、广告、数据、卫生防疫等各领域的合规。目前我国的企业合规改革，由检察机关主导，但从世界范围内的合规实践看，行政机关对企业合规的推动比刑事合规更常见、更有效。因此，我们可以预见，将来的企业合规建设，行政合规必将日益重要，需要引起企业高度重视。

1. 建立健全合规管理制度，并保留相关证据

现行《中华人民共和国行政处罚法》确定了主观过错要件。行政违法行为的构成要件是否包括主观过错没有明确规定，行政领域大多数法律并未对违法行为的主观要件做出明确规定。但《行政处罚法》第三十三条第二款明确指出："当事人有证据足以证明没有主观过失的，不予行政处罚。法律、行政法规另有约定的，从其规定。"《行政处罚法》从立法上第一次明确了行政处罚的主观要件，既反映了"有过失即有罪"的现代法制理念，又考虑了行政执法的有效性，并且从其表达方式上可以看出，《行政处罚法》在主观要件上采用了过失推定的原则。

该规定对我国的企业合规具有一定的提示作用。

（1）要建立和完善企业合规管理制度。企业应制定符合所有人的遵章行为准则，并针对特定的行业，制定专门的制度，并将外部的相关要求和政策及时

转换成企业自己的规章制度，在一定程度上证明企业主观上没有违反行政规定及国家行政政策的主观意愿。在遭遇被行政机构访谈，或者受到行政惩罚的情况下，企业可以通过完善的法规体系进行有力的辩护。

（2）企业要建立健全合规风险识别预警机制，对经营管理中的风险进行全面、系统的梳理，并对风险的发生、影响程度、潜在后果等进行系统的分析，对典型、普遍性、可能造成严重后果的风险及时发布预警。只有这样，才能将行政风险降到最低，同时也能在风险发生后，进行相应的辩护。

2. 与律师等专业合规人士合作进行体系化构建

《行政处罚法》第三十三条对企业行政合规而言至关重要，在"违法行为轻微并及时改正，没有造成危害后果的，不予行政处罚"的基础上，增加规定了"初次违法且危害后果轻微并及时改正的，可以不予行政处罚"，即"首违可不罚"制度。近年来，我国行政机关也积极将"行政权力—个人服从"的行政基本范式转换为"协商—合作"的治理范式，[①]并在此基础上推行"柔性执法""免罚清单"，明确规定了"首违可不罚"制度，体现了"处罚与教育相结合"的原则，也为企业在面临行政调查时争取免于处罚创造了新的途径。值得注意的是，对于初次轻微违法，《行政处罚法》规定的是可以不予处罚，而并非应当不予处罚。因此，企业初次违法面临行政调查时，除了积极改正，及时完善企业内部规章制度以加强合规管控，也有助于说服执法机关不予处罚。

在这一过程中，涉及许多法律法规的梳理及制度证据化的保存，故而律师作为坚实的技术支持，是企业合规建设不可或缺的帮助者。

（1）律师在企业行政合规建设中，能处理更专业、更有针对性的工作，主要是受企业的委托进行专项或全项合规建设。不管做专项还是全项合规建设，律师进行企业行政合规建设能完成：尽职调查及形成尽职调查报告，制定合规整改方案，帮助企业建立合规管理体系，辅导企业合规管理体系的运行等专业

---

① 朱迪·弗里曼.合作治理与新行政法［M］.北京：商务印书馆，2010：34.

活动。

（2）律师应对风险管理的经验更丰富，能够构建更专业、有效的风险识别机制。由于企业所在板块、所处行业和自身经营管理模式不同，合规层面存在的风险点也不尽相同。因此，合规制度要想真正发挥作用，需要熟悉不同领域业务的专业律师"量体裁衣"，通过对企业经营管理流程及其配套的财务处理等制度进行梳理，识别各个环节中可能存在的风险点，为企业制定具有针对性的合规制度打下坚实的基础。

（3）律师能够对法律法规进行专业的审核。在现阶段，大多数上市公司在进行重大决策时，都会进行合规性审核，如果存在行政风险，将会对公司的交易安全、效率产生不利影响，甚至会导致公司的覆灭。律师可以协助企业强化合规风险的处理，根据发现的风险，制定相应的应急预案，并采取相应的应急处理措施，将风险降到最低；建立和完善合规审核机制，把合规审核作为制定规章制度、重大事项决策、重要合同签订、重大项目运营等经营管理活动的必要程序，对违规内容及时提出修改意见，在没有合规的情况下不得执行。在实际操作中，执行的合规制度也可视为不存在主观违规行为的辩护。

总体而言，企业应该建立一套科学、高效的风险控制防线：业务部门是防范合规风险的最前线，业务人员和主管人员要承担最主要的合规责任；合规管理（牵头）是防范合规风险的第二道防线，同时也是合规管理体系建设的责任单位；内部审计是防范合规风险的第三道防线，负责合规审计和监督企业整体风险防控。

三、行刑并行状况下争取不进入刑事程序

企业的犯罪绝大多数兼具行政违法和刑事违法的特点，一般而言，违反刑法的企业行为同样会违背行政法的相关规范。处理企业违规问题，除了需要关注刑事法律自身的内在逻辑和价值取向，由于其具有极强的专业性，也需要

结合行政法领域的相关规范进行分析。企业合规是"行""刑"衔接机制的核心连接点，能很好地协调"行""刑"的相接之处。现行《关于建立涉案企业合规第三方监督评估机制的指导意见（试行）》的实践中，能很好地发挥行政执法机关及第三方独立机构在落实企业合规计划中的作用。行政机关能从内容和程序两个层面采取相应措施，协助刑事执法部门和司法机关及时了解案件事实，甚至在法律允许的范围内，限缩责任追究范围和减轻责任承担量额，从而达到化解刑事风险的效果。

1.企业应积极启动第三方监管程序

从《关于建立涉案企业合规第三方监督评估机制的指导意见（试行）》中可以看出，启动包含两方面的要求：一方面是实质条件，要求涉案企业或个人认罪认罚，自愿接受第三方监管，在此基础上需要涉案企业能够正常生产经营，做出完善企业合规的承诺；另一方面是程序条件，包括检察机关依职权启动，涉案企业、个人、辩护人等主体申请后启动，纪检监察机关可以向检察院提出适用建议。

2.企业开始实施第三方监督

《关于建立涉案企业合规第三方监督评估机制的指导意见（试行）》规定，管理委员会将按照个案的具体情况和涉及的公司类型，从专家名单中随机挑选一批人，组建第三方机构。之后，第三方机构将对涉案企业进行调查。涉案企业必须提交一份或多份专门的、符合以上要求的项目，并保证在规定的时间内完成，且会根据进度进行整改。在合规审查过程中，第三方机构将定期或不定期地对其实施情况进行监督，并将其抄送到检察部门。审核完成后，第三方机构将《规范审查报告》送交相关单位。检察部门将根据有关部门出具的书面合规考察报告、企业合规计划、定期书面报告等，作为批准逮捕、起诉、不起诉、是否变更强制措施的重要参考资料，并提供检察建议、检察意见，必要时检察机关在做出决定前可举行听证会。如果通过合规监督考察，则涉案企业可在停止其犯罪行为的前提下仅承担相关的行政处罚。

3. 建立公司的责任体系

我国的政府机关逐渐认识到，要让绝大多数企业自觉地进行合规管理，必须变被动为主动，建立符合我国市场经济发展与常态化国情的企业合规行政监管制度，专业化控制风险，做到在日常中管理中就消弭企业违法违规风险。政府主导下的企业日常合规监督，并不是说政府对市场的绝对控制，而是要通过构建一套健全的制度促进社会和谐。没有完善的法律制度，只会让不同的部门对企业进行不同的行政处罚和规范，从而导致市场的过度紧张，而一个完善的标准评价机制，既可以减少风险，又可以将惩罚具体化。在这一过程中，各单位要加强对违法行为的责任追究，健全对违法行为的惩罚机制，明确违法的责任范围，细化惩罚标准；要打通群众举报渠道，对群众反映的问题、线索进行及时调查，并对违法人员进行问责。

第十二章

"合规不起诉"制度下的企业刑事合规建设

第一节 "合规不起诉"制度在我国的起源与发展

随着国际社会对涉案企业治理认识的不断提升,许多国家在刑事立法中引入了合规概念,企业合规也由原来企业自我管控民事、行政法律风险的传统领域,向刑事合规领域扩展。

究其原因,其一,为了矫正传统单位犯罪规制中"重惩罚自然人、轻法人组织改善"观念,使得犯罪单位和人员在罪责刑相适应原则范围内承受各自应有的惩罚,而不仅仅是采用传统的对自然人犯罪进行追责代替对单位犯罪的刑事责任;其二,在全球经济一体化形势下,随着企业数量的增加、规模的扩大及经营范围与地域的扩张,尤其是受经济活动的竞争加剧和国际经济合作的不断深入等多重因素影响,单纯依靠国家力量对企业犯罪从后端进行外部监督已愈发困难,并容易诱发选择性执法的弊端,亟待从制度上激发企业的自我预防能力;其三,由于当今市场经济活动的复杂性愈发加大,企业犯罪的社会危害越发加深,迫切需要开发强有力的预防制度以保障社会的安全与和谐。因此,在这样的背景之下,各国都试图在国家治理层面开发创新一种更有效的手段,从而达到预防企业犯罪、提高企业发展质量,进而增强国民经济竞争力的政策目的。

刑事合规在我国的真正起步是自 2020 年 3 月开始最高检在上海、江苏、山东、广东的 6 家基层检察院试点开展的"企业犯罪相对不起诉适用机制改革"。2021 年 3 月,最高检决定扩大试点范围,并发布了《关于开展企业合规改革试点工作的方案》,部署在北京、上海、江苏、浙江等 10 个省、直辖市开展为期一年的第二期试点工作,进一步推进涉案企业合规改革试点向纵深发展。6 月 3 日,最高检会同国资委、财政部、全国工商联等部门联合发布了《关于建立涉案企业合规第三方监督评估机制的指导意见(试行)》,对在依法推进企业合规改革试点中建立健全第三方监督评估机制做出了具体规定。2021 年 6

月和 11 月，最高检相继发布了第一批 4 件和第二批 6 件企业合规典型案例。

据统计，截至 2021 年 11 月底，10 个试点省、直辖市共办理了涉案企业合规案件 525 件。[①]

第二节　全面认识检察机关推进企业合规改革的总体司法政策

一、检察机关推进企业合规改革的背景

1. 国际背景

随着经济全球一体化的日益纵深发展，加之经济刑事法律的趋重性，企业面临的刑事法律风险日益增加，风险的复杂性和所产生的影响亦较之以前更深远。为了惩治和预防企业刑事犯罪，防范由此带来的刑事法律风险和经济社会影响，许多国家加大力度建立完善合规激励和惩罚机制，利用其正向激励和反向归咎的双重作用，加大对企业的合规引导和监管，使企业刑事合规成为全球企业合规制度发展的重要趋势和立法方向，也成为我国防控企业刑事犯罪新的关注点和研究方向。

刑事合规制度源于美国。20 世纪 90 年代，美国率先倡导并逐步建立了企业刑事合规制度。1991 年 10 月 1 日，美国联邦量刑委员会制定了《组织量刑指南》，确立了有效合规计划的一般标准，使得合规计划与刑事司法活动结合。2001 年后随着安然、世通事件的相继爆发，美国立法机构进一步加快了对公司和证券监管的步伐。2002 年，美国参议院银行委员会主席保罗·萨班斯（Paul Sarbanes）和众议院金融服务委员会（Committee on Financial Services）主席迈

---

① 孙风娟.强化协作合力推动涉案企业合规改革试点纵深发展［N］.检察日报，2021-12-17.

克·奥克斯利（Mike Oxley）联合提出了《萨班斯—奥克斯利法案》。该法案对《美国 1933 年证券法》和《美国 1934 年证券交易法》做了大幅修订，对公司治理、会计职业监管、证券市场监管等方面做出了许多新的规定。《萨班斯—奥克斯利法案》的出台，标志着美国证券法律根本思想上的转变，即从披露转向实质性管制，成为国际上企业刑事合规的里程碑事件。

继美国之后，许多欧盟国家也纷纷以国内立法的方式对企业刑事合规做出了规定。意大利于 2001 年制定了《关于法人、公司、协会及非法人组织行政责任的法令》，规定了企业合规管理体制的 5 项标准；德国则出台了《反洗钱法》《银行法》《证券交易法》，对金融机构预防犯罪、建立合规计划做出了相应规定。在英国，2007 年出台的《公司过失杀人法案》和《2010 年反贿赂法》，明确了企业刑事合规的规定。此外，匈牙利、波兰、葡萄牙、瑞士等国也都在刑事合规计划方面出台了相关法律。

2. 国内背景

刑事合规概念在我国缘起并真正引发国家立法机构的关注，应当始自 2013 年的葛兰素史克商业贿赂案。因涉嫌严重商业贿赂等经济犯罪，葛兰素史克（中国）投资有限公司被判罚金 30 亿元，相关责任人被入刑追责。作为跨国药企在华商业贿赂的典型案件，葛兰素史克贿赂案不仅为我国深化医药卫生体制改革、治理医药商业贿赂敲响了警钟，也对国家职能部门着手采用司法手段控制单位犯罪提出了迫切要求。

改革开放以来，随着国家经济体制改革的持续推进，逐步培养出了一个以市场为导向、较为宽松的经济环境，同时也成就了民营经济的快速发展，逐渐成长为推动我国发展不可或缺的力量，成为技术创新的重要主体和国家税收的重要来源，为我国经济社会发展、政府职能转变、农村富余劳动力转移、国际市场开拓等方面发挥了重要作用。但是也应当看到民营企业中有相当一部分企业仍属于中小企业，它们以制造业和实体经济为主，内部治理水平仍旧低下，民营企业家刑事风险意识比较淡薄；个人财产与单位财产容易混同，边界不清；未建立现代化治理体系，企业内部权力过于集中，缺乏有限的监督和制约等。在当今国内外法律法规日益完善及执法监管力度不断加强的外部环境下，这些内部治理上的缺陷会导致民营企业更容易面临刑事案件的风险，也容易给经济社会带来不良影响。如何保护民营企业和民营企业家的合法权益，使其尽可能规避合规风险，同时推动其改善内部治理，筑牢守法合规经营底线，最高检在借鉴国外刑事合规制度的基础上，探索推出了我国的企业合规不起诉制度建设。

二、"合规不起诉制度"在我国的司法实践与发展

2020 年 1 月，最高人民检察院检察长张军在全国检察长会议上指出，"一方面，以更大的力度保护民营企业和企业家合法权益，切实做到依法能不捕的不捕、能不诉的不诉、能不判实刑的就提出适用缓刑建议；另一方面，也要有力推动民营企业筑牢守法合规经营底线"，这反映了最高检对企业合规制度建设的初衷。

2021 年 6 月和 12 月，最高检相继发布了两批企业合规改革试点典型案例。本节将通过总结企业合规改革试点办理的典型案件实践，梳理检察机关在选取案件、建立并适用第三方监督评估机制、推进企业整改与合规、推动第三方机制的启动与运行方面的总体思路和具体实践，为企业了解国家刑事合规形势、制订实施合规计划、防控刑事合规风险提供指导。

1. 最高检公布的企业合规典型案例情况

（1）最高检公布的企业合规典型案例（第一批），如表 12-1 所示。

表 12-1　企业合规典型案例（第一批）一览表

基本案情	从轻情节	涉案方	合规整改情况	合规整改后处理结果
案例一：张家港市 L 公司、张某甲等人污染环境案	张某甲、张某乙、陆某某主动投案，如实供述犯罪事实，自愿认罪认罚	涉案企业：L 公司，系省级高科技民营企业，年均纳税 400 余万元，企业员工 90 余名、拥有专例 20 余件 涉案人员：张某甲、张某乙、陆某某，分别系该公司的总经理、副经理、行政主管	• 聘请律师对企业合规建设进行初评，全面排查合规风险 • 每月向检察机关书面汇报合规计划实施情况	对涉案企业做出不起诉决定，由生态环境部门做出行政处罚
案例二：上海 A 公司、B 公司、关某某虚开增值税发票案（虚开价税合计 2887 万余元）	关某某到案后如实供述犯罪事实，补缴涉案税款，具有立功情节	涉案企业：系我国某技术领域的领军企业、高新技术企业，科技实力雄厚，对地方经济发展和就业有较大贡献 涉案人员：为 A 公司、B 公司的实际控制人	• 逐步建立有效合规制度 • 聘请专业人士进行税收筹划	对涉案企业提起公诉并适用认罪认罚从宽制度，判处 A 公司罚金 15 万元，B 公司罚金 6 万元，对涉案人员关某某判 3 年有期徒刑、5 年缓刑
案例三：王某某、林某某、刘某乙对非国家工作人员行贿（行贿金额 49 万元）	作为拟上市企业，Y 公司在制度建设和日常管理中存在较大合规漏洞	涉案企业：Y 公司，系深圳市南山区拟上市的重点企业，在专业音响领域处于国内领先地位，已开展上市前辅导 涉案人员：王某某系 Y 公司业务员，刘某乙系 Y 公司副总裁，林某某系 Y 公司财务总监	• 对内部架构和人员进行了重整 • 着手制定企业内部反舞弊和防止商业贿赂指引等一系列合规制度增加专门的合规人员	推动涉案企业与依法适用不起诉相结合，对涉案人员林某某、刘某乙、王某某均不予起诉

（续）

基本案情	从轻情节	涉案方	合规整改情况	合规整改后处理结果
案例四：新泰市J公司等建筑企业串通投标系列案（6家建筑企业，5起串通投标案件）	6家企业案发时均受到涉黑组织骨干成员李某某的要挟，处于张某黑社会性质组织控制范围内，被迫出借建筑资质参与陪标，且没有获得任何非法利益	涉案企业：6家企业分别为1家民营企业、2家国有企业、3家集体企业，常年承接全市重点工程项目，年创税均达1000万元以上	• 对公司监事会进行人事调整 • 完善公司重大法务风险防控机制	对涉案企业做出不起诉决定，由住建部门对涉案的6家企业做出行政处罚

（2）最高检公布的企业合规典型案例（第二批），如表12-2所示。

表12-2　企业合规典型案例（第二批）一览表

基本案情	从轻情节	涉案方	合规整改情况	合规整改后处理结果
案例一：上海J公司、朱某某因涉嫌假冒注册商标罪被浦东新区检察院审查起诉，涉案金额达560万余元	主动投案，认罪认罚，赔偿权利人700万元并取得谅解	涉案企业：民企，员工2000多人，年纳税总额1亿余元 涉案人员：朱某某，系该公司股东、实际控制人	• 进行全面整改，做出合规承诺 • 每半个月提交一次阶段报告 • 接受第三方评估机构的充分论证和合规验收公开听证	对涉案企业及个人做出不起诉决定

（续）

基本案情	从轻情节	涉案方	合规整改情况	合规整改后处理结果
案例二：张家港 S 公司、雎某某销售假冒注册商标的商品案（涉案金额共计 68 万余元，已立案两年，属于"挂案"）	S 公司及犯罪嫌疑人犯罪故意的证据不确实、不充分，公安机关也难以再查明轴承及包装的来源是否合法，案件久拖不决已处于"挂案"状态，亟待清理	涉案企业：S 公司，注册资本 200 万元，在职员工 3 人 涉案人员：雎某某，系 S 公司法定代表人、实际控制人	• 应公安机关邀请介入侦查 • 及时启动社会调查 • 启动合规监督考察程序，确定 3 个月的整改考察期 • 每月检查	及时做出撤案处理，并移送市场监督管理部门做出行政处罚
案例三：Y 公司、姚某明等人因涉嫌串通投标罪被沂水县检察院审查起诉，涉案金额 1134 万余元	Y 公司姚某明等人有自首情节，主动认罪认罚，且综合考虑企业社会贡献度、发展前景、社会综合评价、企业负责人一贯表现等情况良好	涉案企业：Y 公司，系专门从事家电销售及售后服务，在沂南县、沂水县空调销售市场占据较大份额 涉案人员：姚某明，系 Y 公司法定代表人、实际控制人	• 确定 3 个月的考察期 • 组织每月将合规计划执行情况通报双方检察机关及第三方机制管委会 • 一并督促做好关联企业 H 公司的合规整改 • 进行合规验收听证	对涉案企业 Y 公司、涉案人员姚某明等人依法做出相对不起诉决定；对涉案企业 Y 公司及其他公司出借资质的行为依法处理

（续）

基本案情	从轻情节	涉案方	合规整改情况	合规整改后处理结果
案例四：随州市 Z 公司康某某等人因实施清污工程期间把关不严，未认真履行相关工作职责，未及时发现事故隐患，导致发生较大生产安全事故，造成 3 人死亡，因涉嫌重大责任事故罪被随州市曾都区检察院审查起诉	Z 公司对当地经济助力很大、且 Z 公司所属集团正在积极准备上市，如果公司管理人员被判刑，对公司发展将造成较大影响。3 人认罪认罚，有自首情节，依法可以从宽、减轻处罚	涉案企业：Z 公司，系当地重点引进的外资在华食品加工企业 涉案人员：康某某、周某某、朱某某分别系该公司行政总监、安环部责任人、行政部负责人	积极整改并接受第三方监督评估，考察期 3 个月	涉案企业 Z 公司通过企业合规考察，对涉案人员康某某、周某某、朱某某做出不起诉决定
案例五：深圳 X 公司走私普通货物，偷逃税款合计 397 万余元，因涉嫌走私普通货物罪移送深圳市检察院审查起诉	X 公司规范了报关行为，主动补缴了税款	涉案企业：X 公司，系国内水果行业的龙头企业 涉案人员：张某某为 X 公司下属的 T 公司总经理；曲某某为 X 公司副总裁；李某、程某分别为 X 公司业务经理	• 合规考察期 1 年 • 第三方监督评估工作组对 X 公司合规整改情况进行评估验收和回访考察 • 考察结束后，继续对 X 集团进行为期一年的回访考察	对涉案企业 X 公司及涉案人员做出相对不起诉处理，X 公司被不起诉后继续进行合规整改

（续）

基本案情	从轻情节	涉案方	合规整改情况	合规整改后处理结果
案例六：海南文昌市S公司、翁某某因掩饰、隐瞒犯罪所得被文昌市公安局以翁涉嫌掩饰、隐瞒犯罪所得罪移送文昌市检察院审查起诉，涉案金额125万余元	如实供述犯罪事实，自愿认罪认罚	涉案企业：S公司，系当地高新技术民营企业，现有员工80余人，年产值2000余万元 涉案人员：翁某某，系S公司厂长	• 认真审查启动企业合规，为期3个月 • 接受第三方监督评估	文昌市法院采纳检察机关全部量刑建议，以掩饰、隐瞒犯罪所得罪分别判处被告单位S公司罚金3万元；被告人翁某某有期徒刑一年，缓刑一年六个月，并处罚金人民币1万元；退缴的赃款125万余元予以没收，上缴国库

2. 结合企业合规典型案例分析理解检察机关在"合规不起诉"制度上的司法实践和趋势

结合上述两批企业合规典型案例，本节将从适用罪名、涉案企业情况、涉案人员职务、合规整改要求和程序、案件处理方式与结果、参与合规整改与合规监督的机构与角色、企业合规有效性监督评估方式7个方面对检察机关在适用合规不起诉制度时的司法实践和趋势进行分析。

（1）适用罪名（见表12-3）。

表12-3 两批合规典型案例使用罪名一览表（部分）

案例序号	第一批	第二批
1	污染环境罪	假冒注册商标罪
2	虚开增值税专用发票罪	销售假冒注册商标的商品罪
3	对非国家工作人员行贿罪	串通投标罪

（续）

案例序号	第一批	第二批
4	串通投标罪	重大责任事故罪
5	—	走私普通货物罪
6	—	掩饰、隐瞒犯罪所得罪

（2）涉案企业情况（见表12-4）。

表12-4　两批合规典型案例涉案企业情况一览表（部分）

案例序号	第一批	第二批
1	省级高科技民营企业，年均纳税400余万元、企业员工90余名、拥有专利20余件	民企，有员工2000余人，年纳税总额1亿余元
2	我国某技术领域的领军企业、高新技术企业，科技实力雄厚，对地方经济发展和就业有较大贡献	注册资本200万元，在职员工3人
3	深圳市南山区拟上市的重点企业，在专业音响领域处于国内领先地位	专门从事家电销售及售后服务，在沂南县、沂水县空调销售市场占据较大份额
4	6家企业常年承接全市重点工程项目，年创税均达1000万元以上	当地重点引进的外资在华食品企业
5	—	国内水果行业的龙头企业
6	—	高新技术民营企业，现有员工80余人，年产值2000余万元

（3）涉案人员职务（见表12-5）。

表12-5　两批合规典型案例涉案人员职务一览表

案例序号	第一批	第二批
1	总经理、副总经理、行政主管	股东、实际控制人
2	实际控制人	法定代表人、实际控制人
3	业务员、副总裁、财务总监	法定代表人、实际控制人

（续）

案例序号	第一批	第二批
4	—	行政总监、安环部负责人、行政部负责人
5	—	业务经理及下属公司总经理
6	—	厂长

（4）合规整改要求及程序（见表12-6）。

表 12-6 两批合规典型案例合规整改要求及程序一览表（部分）

案例序号	第一批	第二批
1	· 聘请律师对企业合规建设进行初评，全面排查合规风险 · 每月向检察机关书面汇报合规计划实施情况	· 进行全面整改，做出合规承诺 · 每半个月提交一次阶段报告 · 接受第三方评估机构的充分论证和合规验收公开听证
2	· 逐步建立有效合规制度 · 聘请专业人士进行税收筹划	· 应公安机关邀请介入侦查 · 及时启动社会调查 · 启动合规监督考察程序，确定3个月的整改考察期 · 每月检查
3	· 对内部架构和人员进行了重整 · 着手制定企业内部反舞弊和防止商业贿赂指引等一系列合规制度 · 增加专门的合规人员	· 确定3个月的考察期 · 组织每月将合规计划执行情况通报双方检察机关及第三方机制管委会 · 一并督促做好关联企业H公司的合规整改 · 进行合规验收听证
4	· 对公司监事会做出人事调整 · 完善公司重大法务风险防控机制	积极整改并接受第三方监督评估，考察期3个月
5	—	· 合规考察期1年 · 由第三方监督评估工作组对X公司合规整改情况进行评估验收和回访考察 · 考察结束后，继续对X公司进行为期1年的回访考察

（续）

案例序号	第一批	第二批
6	—	• 认真审查启动企业合规，为期 3 个月 • 接受第三方监督评估

（5）参与合规整改监督的机构与各自角色（见表 12-7）。

表 12-7　两批合规典型案例参与合规整改监督的机构与各自角色一览表（部分）

案例序号	第一批	第二批
1	• 检察机关：向涉案企业送达《企业刑事合规告知书》，审查调查报告、听取行政机关意见，对涉案企业做出合规考察决定 • 律师：对合规建设进行初评，全面排查企业合规风险，制订详细合规计划 • 税务、生态环境、应急管理等部门：对合规计划进行专业评估 • 人民监督员、相关行政主管部门、工商联等各界代表：参与公开听证会	• 检察机关：开展了企业合规社会调查及第三方监督考察，成立了第三方监督评估组织 • 律师、区市场监督管理局、区科技局：作为第三方监督评估组织通过问询谈话、走访调查，帮助企业梳理合规管理漏洞，督促制定整改措施 • 人大代表、政协：对涉案企业同步开展监督考察 • 检察机关邀请人民监督员、侦查机关、异地检察机关代表等：参与公开听证
2	检察机关：自行补充侦查、走访企业、联合税务机关上门回访、向涉案企业制发检察建议并公开宣告、组织合规建设回头看	• 检察机关：应公安机关邀请介入侦查；走访企业和市场监督管理局、税务局等行政部门，实地查看公司经营现状、指导填写合规承诺、撰写调查报告；联合公安机关启动合规监督考察、开展合规检查 • 公安机关：调查核实；对 S 公司启动合规监督考察程序，确定 6 个月的整改考察期 • 市企业合规监管委员会：根据第三方监督评估机制，从第三方监管人员库中随机抽取组建监督评估小组，跟踪 S 公司整改、评估合规计划落实情况

（续）

案例序号	第一批	第二批
3	检察机关：与 Y 公司签署合规监管协议，围绕存在合规问题，制定合规管理规范、构建合规组织体系、健全合规风险防范报告机制；回访	• 检察机关：签订《企业合规异地协作协议》；牵头组织合规整改 • 第三方机制管委会：制定《沂水县企业合规改革试点巡回检查小组工作方案》，选取 6 名熟悉企业经营和法律知识的人大代表、政协委员、人民监督员组成巡回检查小组 • 律师、市场监管、工商联：组建第三方组织，对涉案企业合规建设开展监督评估
4	检察机关：自行补充侦查、实地走访调查，到住建部门座谈，召开公开听证会，召开专题座谈会宣讲企业合规知识，发出检察建议	• 检察机关：委托当地应急管理局、市场监督管理局、工商联等第三方监督评估机制管委会成员单位及安全生产协会，共同组成第三方监督评估组织 • 第三方监督评估组织：对企业合规整改情况定期或不定期进行检查 • 第三方机制管委会：审核 • 省人大代表、省政协委员、人民监督员、公安机关和行政监管部门代表、工商联代表及第三方组织代表：参加听证
5	—	• 检察机关：向区合规委提出申请 • 合规委：组织成立了企业合规第三方监督评估工作组，对涉案企业合规整改情况进行评估验收和回访考察 • 第三方监督评估组织：通过查阅资料、现场检查、听取汇报、针对性提问、调查问卷等方式进行考察评估并形成考察意见 • 海关：共同指导企业做好合规整改，并向海关总署提出合理化建议

（续）

案例序号	第一批	第二批
6	—	• 检察机关：启动合规整改程序、进行合规整改评估、举行公开听证会 • 第三方监督评估组织：由当地自然资源和规划局、市场监督管理局、税务局、综合行政执法局、工商联等单位的业务骨干及人大代表、律师代表组成，通过召开座谈会、查阅公司资料和台账、对经营场所检查走访进行评估验收 • 法院：采纳检察机关全部量刑建议 • 听证员、人民监督员：参与听证会

（6）案件处理方式与结果（见表12-8）。

表12-8　两批合规典型案例案件处理方式与结果一览表（部分）

案例序号	第一批	第二批
1	对企业不起诉，由生态环境部门做出行政处罚	对涉案企业及个人做出不起诉决定
2	对企业提起公诉并适用认罪认罚从宽制度，判处A公司罚金15万元、B公司罚金6万元，对实际控制人判3年有期徒刑、5年缓刑	及时做出撤案处理，并移送市场监督管理部门做出行政处罚
3	推动企业与依法适用不起诉相结合，对涉案人员均不予起诉	对涉案企业和涉案人员串通投标依法做出相对不起诉决定；对涉案企业出借资质的行为依法处理
4	对6家企业均不予起诉，由住建部门对涉案的6家企业做出行政处罚	涉案企业通过企业合规考察，对涉案人员做出不起诉决定
5	—	对涉案企业和涉案人员做出相对不起诉处理，涉案企业被不起诉后继续进行合规整改

（续）

案例序号	第一批	第二批
6	—	法院采纳了检察机关全部量刑建议，以掩饰、隐瞒犯罪所得罪分别判处涉案企业罚金3万元；对涉案人员判处有期徒刑一年，缓刑一年六个月，并处罚金人民币1万元；退缴的赃款125万余元予以没收，上缴国库

（7）合规有效性监督评估方式（见表12-9）。

表12-9 两批合规典型案例合规有效性监督评估方式一览表（部分）

案例序号	第一批	第二批
1	• 组建评估小组，对涉案企业整改情况及合规建设情况进行评估 • 检察机关邀请人民监督员、相关行政主管部门、工商联等各界代表，召开公开听证会，参会人员一致建议对涉案企业做出不起诉处理 • 当场公开宣告不起诉决定	• 第三方监督评估组织通过书面审查、实地走访、听取汇报等形式，对合规阶段性成效进行监督检查 • 检察机关制作了《企业合规监督考察反馈意见表》，实时动态跟进监督评估进度 • 检察机关通过听取汇报、现场验收、公开评议等方式对监督考察结果的客观性充分论证 • 检察机关邀请人民监督员、侦查机关、异地检察机关代表等进行公开听证
2	检察机关收到涉案企业对检察建议的回复后，及时组织合规建设回头看	• 检察机关会同第三方监督评估组织，每月通过座谈会议、电话联系、查阅资料、实地检查等方式，特别是通过"不打招呼"的随机方式，检查企业合规建设情况 • 检察机关向公安机关通报企业合规建设进展情况，邀请参与合规检查，并认真吸收公安机关对合规制度完善提出的意见 • 检察机关组织公开听证

（续）

案例序号	第一批	第二批
3	检察机关通过回访涉案企业合规建设情况，针对企业可能涉及的知识产权等合规问题进一步提出指导意见	• 第三方监督评估组织每月将合规计划执行情况通报双方检察机关及第三方机制管委会，四方会商后对合规计划及执行情况提出修改完善意见和建议，定期跟踪调度，并于考察期满后出具对涉案企业的合规考察报告 • 巡回检查小组和办案检察官深入涉案企业进行实地座谈、现场抽查，对第三方组织履职情况及企业合规整改情况进行"飞行监管" • 检察机关邀请政协委员、人民监督员和第三方机制管委会成员等组成听证团，进行合规验收听证
4	检察机关对合规建设情况进行跟踪监督，举办检察建议落实情况公开回复会，对合规建设情况进行验收	• 第三方监督评估组织对涉案企业合规整改及合规建设情况进行评估，并报第三方机制管委会审核 • 检察机关在收到评估报告和审核意见后组织召开公开听证会，邀请省人大代表、省政协委员、人民监督员、公安机关和行政监管部门代表、工商联代表及第三方组织代表参加听证
5	—	• 合规考察期限届满后，第三方组织开展合规监督评估 • 检察机关积极促成"合规互认"，将企业合规计划、定期书面报告、合规考察报告等移送深圳海关，作为海关做出处理决定的重要参考 • 考察结束后，第三方组织继续对涉案企业进行为期1年的回访考察
6	—	• 第三方监督评估组织通过召开座谈会、查阅公司资料和台账、对经营场所检查走访等对涉案企业合规整改情况进行评估验收 • 第三方监督评估组织出具评估验收报告

结合这十起典型案件，我们可以看出我国当前深入推进合规不起诉制度的司法实践的变化。

从企业合规不起诉制度所适用的罪名看，目前检察机关在企业合规改革试点的适用罪名上相对慎重，主要以犯罪情节和影响的罪名为主，但适用罪名有不断扩展之势。其中，第一批案例仅涉及污染环境罪、虚开增值税专用发票罪、对非国家工作人员行贿罪、串通投标罪4个罪名，第二批案例则扩展到假冒注册商标罪，销售假冒注册商标的商品罪，重大责任事故罪，走私普通货物罪，以及掩饰、隐瞒犯罪所得罪5个新的罪名。其中，虚开增值税专用发票罪、污染环境犯罪、对非国家工作人员行贿罪与侵犯知识产权罪和信息网络犯罪位列我国单位犯罪数量前五大犯罪类型。欧美一些国家的刑事合规所适用的罪名则包括欺诈、贿赂、洗钱等严重经济犯罪案件。

从企业合规不起诉所适用的对象看，主要以中小型民营企业、外资企业为主，都具有法人资格，暂未涉及国有企业、大型企业集团和非法人单位。而在欧美建立刑事合规制度的国家中，其暂缓起诉协议和不起诉协议制度所适用的对象则包括了许多大型甚至超大、特大型企业集团，且大型企业占多数。比如美国司法部对德国西门子公司海外贿赂案件达成了暂缓起诉协议，英国检察机关与渣打银行、劳斯莱斯、特易购等也达成了暂缓起诉协议。

从涉案人员职务看，主要为企业法定代表人、实际控制人或股东及相关的财务、业务等部门的直接责任人员，主要视参与程度而定，与职务高低无关。

从合规不起诉制度的合规整改程序特点看，第一批案例中，涉案企业主要通过聘请律师进行评估、排查合规风险、定期汇报合规计划实施、逐步建立有效合规制度、对内部架构和人员进行重整、增加专门的合规人员等一系列以企业和检察机关两方为主导的整改措施；第二批案例中，涉案企业几乎都要求进行全面整改、做出合规承诺、提交阶段报告、接受第三方评估机构的论证、接受其他部门的联合侦查或专业指导、接受合规监督考察等更加多样化的整改程序，合规整改程序更具有规范性和公正性。

从参与合规整改与合规监督的机构、角色看，第一批案例中主要以检察机关为主，同时包括律师及案件所涉及的相关行政主管部门等；第二批案例中的参与机构则明显增多，除了检察机关为主导的机关，普遍还针对所涉案件组建了力量强大、专业齐全的第三方监督评估组织进行监督考察，且各个机构之间的职能分工更加明确，运行协作更加充分，合规评估方式也更加多样化。

从企业合规不起诉的方式和结果看，在公布的十起案例中，目前试点地区的检察机关基本采取合规相对不起诉模式，即对犯罪情节轻微、具有从轻情节的单位犯罪案件，责令涉案企业在认罪认罚的基础上采取补救或整改措施，并提出建立企业合规计划的建议，在其验收通过后做出相对不起诉的决定，暂未适用英美法系国家普遍采用的暂缓起诉协议或不起诉协议。

从合规有效性监督评估方式看，第一批案例中主要采用了组建评估小组、召开公开听证会、及时组织合规建设回头看、回访等其中一种或两种方式对涉案企业的合规建设情况进行评估、验收；而第二批案例中，不仅采用了书面审查、实地走访、听取汇报、随机检查、飞行监管、回访考察等更加多样化的第三方监督检查方式，监督检查的主体也更广泛，包括第三方机制管委会、巡回检查小组、听证团等。

据统计，截至 2021 年 11 月底，10 个试点省份共办理涉案企业合规案件525 件，其中适用第三方监督评估机制案件 254 件。[①] 案件类型、适用罪名逐步多样化，案例的代表性、影响力逐步提升，从第一批典型案例到第二批典型案例司法适用上的变化，也体现了合规改革向纵深发展的趋势。

总体来看，我国企业合规改革试点的适用范围目前主要还是以中小微企业涉嫌实施的轻微犯罪案件为主，且主要为初犯、偶犯同时具有从轻情节，具体实施该制度的也基本为基层检察机关，并呈现以下特点。

（1）推进企业合规与依法适用认罪认罚从宽制度和检察建议相结合。如在第二批的 6 个案例中，都是检察机关针对办案发现的企业经营管理中的突出问

[①] 数据来源为最高人民检察院第四检察厅厅长郑新俭做客"深入贯彻习近平法治思想—全面加强新时代法律监督"最高检厅长网络访谈。

题,通过第三方监督评估机制对涉案企业开展扎实有效的合规整改,对涉案企业和涉案人员在认罪认罚的基础上进行了不起诉或轻缓的刑事处理。

(2)推动企业合规与依法清理"挂案"相结合。例如在张家港 S 公司、睢某某销售假冒注册商标的商品案中,检察机关对尚未进入检察环节的案件,应公安机关邀请介入侦查,深入开展个案会商认定"挂案"性质,共同推进清理。

(3)推动企业合规与经济、行政处罚相衔接。对于涉企案件,依法可以不予追诉但经济上、行政上需要追责的,向有关主管部门提出检察意见。例如在张家港市 L 公司、张某甲等人污染环境案中,由生态环境部门对其做出行政处罚;在新泰市 J 公司等建筑企业串通投标系列案件中,移送住建部门对涉案的 6 家企业做出行政处罚;在张家港 S 公司、睢某某销售假冒注册商标的商品案中,移送市场监督管理部门做出行政处罚;在深圳 X 公司走私普通货物案中,通过合规互认的方式,相关考察意见成为行政处理的重要参考。同时,深圳市检察机关针对办案中发现的行政监管漏洞、价格低报等行业普遍性问题,依法向深圳海关发出检察建议书并得到采纳。

在推进企业建立和实施合规计划方面,根据最高检等九部委联合印发的《关于建立涉案企业合规第三方监督评估机制的指导意见(试行)》,目前检察机关在依法推进企业合规改革试点工作中所采用的涉案企业合规第三方监督评估机制,基本是在借鉴美国、英国、法国的暂缓起诉协议制度的基础上加以改进的。其基本程序为:任命合规监督员或组建第三方监督评估组织,由其对涉案企业违法违规情况、主要合规风险领域、合规计划的缺陷等进行审查,并提出建立合规计划或改进合规管理体系的建议。涉案企业接到合规监督员或第三方监督评估组的审查和建议后,自行或聘请律所等有针对性地进行整改和补救。比如,按照建议进行人事机构调整、增加合规管理机构和人员,同时按照有效合规计划的要求,从建立合规风险防范体系、监控体系和应对体系等角度,重建企业的合规管理体系,并定期将整改和合规计划的建立和实施情况向检察机关报告。不仅如此，在合规考察期内，第三方组织还可以定期或不定期对涉案企业合规计划履行情况进行检查和评估。

2019年最高检提出了"对涉案民企负责人依法能不捕的不捕，能不诉的不诉，能不判实刑的就提出适用缓刑建议"。2021年4月，中央全面依法治国委员会将"少捕慎诉慎押"刑事司法政策列入了年度工作要点。2022年，最高检在其2021年工作报告中也提到了"少捕慎诉慎押"政策。合规改革的不断推进，体现了检察机关推行这一刑事司法政策的目的在于保护企业合法权益的同时，使用刑事激励手段促进企业合规、守法经营，预防和减少企业违法犯罪，实现司法办案政治效果、法律效果、社会效果的有机统一。对于涉案企业如果不能按照合规承诺落实到位，再涉嫌犯罪的，将依法从严追究其刑事责任，形成威慑和警示。

第三节　合规改革试点下企业如何配合考察与监管

随着国家全面依法治国、依法治企战略的深入实施，支持民营经济发展的力度加大，以及检察机关合规监督激励机制的逐步推进，企业合规的内需开始迅猛增长。要建立企业刑事合规机制、有效应对企业刑事风险，应当全面了解刑事合规的概念、详细分析企业面临的刑事合规风险、科学确定企业合规治理的思路和合规计划的实施目标，有步骤、有计划地推进实施。

一、刑事合规的概念

严格来说，刑事合规目前在国内外尚未形成统一的定义。在欧美合规体系中倡导的是企业合规，即企业必须遵守法律规定、行政监管法规、行业准则、商业管理等，也包括刑事规定。在我国，刑事合规尚在探索阶段，各界专家、学者和从业人员对于刑事合规的概念也各持不同观点。

根据《证券公司合规管理试行规定》中的定义，合规管理是指证券公司制定和执行合规管理制度，建立合规管理机制，培育合规文化，防范合规风险的行为。合规管理是企业"内部的一项核心风险管理活动"。因此，笔者认为，刑事合规的定义是：企业为确保企业和员工的行为符合刑事法律规范、避免引发刑事法律风险而建立并实施合规计划的管理行为。

在企业治理中，"合规"是一项很重要的管理目标和管理分支。合规的定义十分广泛，不仅包括法律法规、监管规定、行业准则、企业章程和内部规章制度，以及国际条约、规则等，还包括道德规范、社会习俗等。对企业来说，由于所从事业务和企业性质的不同，也将面临不同的合规要求。比如，从事国际贸易业务，必须遵守出口管制和贸易制裁方面的法律规定等；从事建筑业务，必须遵守建筑行业相关的法律法规和部门规章；从事化工物项生产业务，必须遵守环境保护方面的法律法规。而对不同性质的企业而言，国有企业还需要遵守党内和国资监管方面的规定，上市公司则需要履行准确披露财务报告和内控评价报告等义务。

对刑事合规而言，重点强调的是企业应当遵守刑事方面的法律规范，实际上是一种在企业内部建立的防控刑事风险的体系机制。一方面，企业以外部刑事法律为基础，以遵守刑事法律义务、避免刑事法律责任为主要目标；另一方面，企业通过实施刑事合规计划，增强刑事犯罪风险防控能力，有利于实现国家制定刑事法律规范的预防犯罪功能。

二、当前企业面临的刑事法律风险分析

企业刑事法律风险，通常是指企业因经营管理不当导致发生不合法行为、企业内部员工或外部人员实施了触犯刑法的行为，导致企业遭受行政处罚、经济损失、声誉影响或相关人员承担刑事责任的可能性。一旦发生刑事法律风

险，一方面将破坏经济社会市场秩序，给市场经济健康发展带来不良影响；另一方面，也将对企业声誉造成损害，致使日常经营受阻，严重的刑事法律风险甚至将给企业带来致命伤害。

1. 总体形势

根据《2019—2020 企业家刑事风险分析报告》，在 2019 年 12 月 1 日至 2020 年 11 月 30 日上传的刑事判决案例中，共检索出企业家犯罪案例 2635 件，企业家犯罪 3278 次。在 3278 次企业家犯罪中，性质明确的 3265 次。其中，国有企业的企业家犯罪数为 234 次，约占企业家犯罪总数的 7.14%；民营企业家犯罪数为 3011 次，约占企业家犯罪总数的 91.85%；其余犯罪数为 20 次，约占企业家犯罪总数的 0.61%。[①] 从以上数据来看，我国企业所面临的刑事风险可见一斑，尤其是民营企业家涉刑的风险频次占绝大部分。在这一形势和最高检推行合规改革背景下，如何在企业内部构建有效的刑事合规体系，就成为企业亟待解决的一个重要问题。

2. 企业刑事法律风险的常见领域

在我国目前的刑法规范中，涉及单位犯罪的罪名有 160 多个，约占刑法罪名总数的 1/4。作为市场经济活动的主要参与者，不论什么类型、多大规模，也不论从事什么行业，企业从设立、日常经营到解散的各个阶段，都有可能面临来自内外部的各种各样的风险。除了常见的民事、行政法律风险，背后也蕴藏着诸多刑事法律风险。常见的企业刑事法律风险如下。

（1）因企业经营模式不当而造成的刑事法律风险，如组织、领导传销活动，非法经营，经营、领导、参加黑社会性质组织等。

（2）因企业用工不当造成的刑事法律风险，如强迫劳动、雇用童工从事危重劳动、拒不支付劳动报酬、妨害传染病防治、骗取社会保险待遇、重大责任

---

① 数据源于《2019—2020 企业家刑事风险分析报告》。

事故、强令违章冒险作业、安全生产设施或条件不符合国家规定、违反危险物项管理规定、瞒报或谎报安全事故等。

（3）因合同管理不当造成的刑事法律风险，如合同诈骗，签订、履行合同失职，骗取贷款等。

（4）因财税管理不当造成的刑事法律风险，如虚假报销、不当支付、账簿记录不当或者协助洗钱等财务管理中的不当行为，以及偷税、逃税甚至抗税，逃避追缴欠税、骗取出口退税、虚开发票、虚开增值税专用发票等税务管理不当行为。

（5）因安全生产管理不当造成的刑事法律风险，如造成重大责任事故，强令违章冒险作业，明知存在重大事故隐患而不排除，仍冒险组织作业，瞒报或谎报安全事故，造成重大劳动安全事故，有发生重大伤亡事故或其他严重后果的现实危险的等违反《安全生产法》的行为。

（6）因侵犯知识产权而造成的刑事法律风险，如假冒注册商标，销售假冒注册商标的商品，非法制造、销售非法制造的注册商标标识，假冒专利，侵犯著作权和侵犯商业秘密等。

（7）商业贿赂类刑事法律风险，如受贿、单位受贿、利用影响力受贿、非国家工作人员受贿、介绍贿赂、行贿、为利用影响力行贿、对单位行贿、单位行贿、对非国家工作人员行贿、对外国公职人员行贿、对国家公共组织官员行贿等。

（8）因企业人员侵犯财产而造成的刑事法律风险，如职务侵占、挪用资金、诈骗、合同诈骗等。

（9）融资类刑事法律风险，如非法吸收公众存款、集资诈骗，骗取贷款，贷款诈骗，高利转贷，欺诈发行股票、债券，违规披露、不披露重要信息，内幕交易，泄露内幕信息，编造并传播证券、期货交易虚假信息等。

（10）特殊行业中的刑事法律风险，如生产和销售假药，生产、销售不符合标准的医用器材，生产、销售不符合安全标准的食品，生产、销售有毒、有害食品，污染环境等。

（11）其他刑事法律风险，如非法获取公民个人信息，出售、非法提供公民个人信息等。

上述刑事法律风险中，有一些是特殊的行业、特殊的企业类型、特殊的人群或关键的环节比较容易出现的。因此，对刑事合规风险的防控应当摆在更加突出和重要的位置。[①]

3. 企业遭受刑事法律风险的原因和特征

根据对上述企业容易涉及的刑事法律风险分析，我们可以发现风险主要源于 3 个方面。

- 企业作为单位犯罪的主体而遭受的刑事法律风险，如组织、领导传销活动，非法经营，经营、领导、参加黑社会性质组织，虚开增值税发票，生产销售伪劣物项，串通投标等。

- 企业因内部机构和人员履职不当所产生的刑事法律风险，包括贪污、受贿、非国家人员受贿、职务侵占、侵犯知识产权等，其引发主体既包括企业的实际控制人、股东、高管、普通员工，也包括企业内部的各个机构与分支部门，是企业面临的最主要的刑事法律风险。这类风险虽然使企业涉及单位犯罪的概率并不大，但由于其主要以贪污、受贿等高度敏感且备受关注的行为为其主要的犯罪方式和手段，因此对企业危害很大，尤其是当高管或实际控制人涉刑，往往对企业的声誉产生重大影响。

- 企业作为受害主体的刑事合规风险，包括行贿罪、受贿罪等在商业交易中产生的对向性犯罪。

---

① 北京周泰律师事务所.《康美药业案：上市公司的刑事合规风险知多少？》

之所以产生以上风险，主要原因如下。

（1）相关人员风险防范和自身保护意识不强。造成企业刑事法律风险最主要的原因就是企业管理层和人员法律意识不强、法律知识匮乏。许多企业的管理层和员工因对相关法律知识缺乏足够了解，无法判断自身行为是否触犯法律，使得其在做出经营决策、行权履职过程中缺乏对法律风险的防范和对自我的保护，从而导致刑事法律风险的发生。

（2）企业内部管理不规范。从引发刑事法律风险的企业类型看，主要以中小企业、家族企业等民营企业居多。相较于上市企业和国有企业，民营企业由于其组织管理比较松散、内部管理体系不够健全、风险防控和监督机制缺乏等，无法达到有效防范和避免企业刑事风险的效果。

（3）利益和利润的驱使。部分企业为获得高收益，对法律风险认知存在偏差，愿意为了不当行为而铤而走险或抱有侥幸心理。此外，政策和社会资源的分配不均、对国有企业及其高管的额外严格监管等也是引起企业刑事法律风险的因素。

与民事责任、行政责任相比，刑事法律风险不仅会导致严重的刑事责任后果，还将给企业带来更加强烈的否定性评价、更加严厉的处罚措施，甚至将威胁到相应刑事责任主体的财产权、剥夺参与某些社会事务的资格、人身自由乃至生命健康，这是民事风险、行政风险导致的责任后果所不可比拟的，也是任何企业和个人都难以承受的。

三、最高检企业合规改革试点的基本内涵

2021年4月，最高检下发了《关于开展企业合规改革试点工作方案》，并会同检察机关对于办理的涉企刑事案件，在依法做出不批准逮捕、不起诉决定或根据认罪认罚从宽制度提出轻缓量刑建议的同时，督促涉案企业建立合规制度并做出合规承诺，促进企业合规守法经营。2021年6月，最高检等九部门共

同印发了《关于建立涉案企业合规第三方监督评估机制的指导意见（试行）》，并对企业合规改革办理案件的适用条件、第三方机制管委会的组成和职责、第三方机制的启动和运行等予以明确和规范。

1. 适用企业合规改革办理案件的范围

"适用企业合规改革办理案件"，是指适用《最高人民检察院关于开展企业合规改革试点工作方案》等规定办理涉企刑事案件。

涉企刑事案件，是指公司、企业等市场主体在生产经营活动中涉及的经济犯罪、职务犯罪等案件，既包括公司、企业等实施的单位犯罪案件，也包括公司、企业实际控制人、经营管理人员、关键技术人员等实施的与生产经营活动密切相关的犯罪案件。

适用企业合规改革办理案件，应当同时符合下列条件。

- 涉案企业、个人认罪认罚。
- 涉案企业能够继续生产经营，承诺建立或完善企业合规制度，具备启动第三方监督评估的基本条件。
- 涉案企业自愿适用第三方监督评估机制。

具有下列情形之一的，不适用企业合规改革办理。

- 个人为进行违法犯罪活动而设立公司、企业的。
- 公司、企业成立后以实施犯罪为主要活动的。
- 公司、企业人员盗用单位名义实施犯罪的。
- 涉嫌危害国家安全犯罪、恐怖活动犯罪的。
- 其他不宜适用的情形。

2. 检察机关对涉企刑事案件适用企业合规改革的基本程序

目前，检察机关对涉企刑事案件适用企业合规改革的基本程序如下。

（1）提出申请。涉案企业向检察机关提出适用企业合规改革办理申请，或者办理案件的侦查机关、监察机关向检察机关提出建议。

（2）受理申请并审查。检察机关在受理涉企刑事案件后，对是否适用企业合规改革办理进行审查、评估。检察机关认为不适用企业合规改革办理的，应当及时回复涉案企业或提出建议的单位。

（3）听取意见、核查申请。对拟适用企业合规改革办理的案件，受理检察机关将听取办理案件的侦查机关或监察机关、涉案企业的意见，并制作笔录附卷。必要时，还可向涉案企业调取相关材料。

（4）逐级申报审批。对拟适用企业合规改革办理的案件，受理申请的检察机关将填写审批表并附相关材料，按照层级报省级检察机关审批。

（5）做出决定并告知。省级检察机关在3个工作日内做出是否同意承办人民检察院适用企业合规改革办理案件的决定并通知承办检察机关。

（6）提出检察建议。对于适用企业合规改革办理的案件，承办检察机关将调研分析涉案企业的发案原因、合规管理漏洞等情况，并针对法律风险点向涉案企业提出企业合规建设的检察建议。对于不接受检察建议的，终止适用企业合规改革办理并报告省人民检察院。

（7）签署企业合规建设承诺书。对于适用企业合规改革办理的案件，承办检察机关将要求涉案犯罪嫌疑人在辩护人或值班律师在场的情况下签署认罪认罚具结书，要求涉案企业签署企业合规建设承诺书。

（8）商请启动第三方监督评估机制。对于适用企业合规改革办理的案件，应当将企业合规建设承诺书送达本地区第三方监督评估机制管理委员会并商请启动第三方监督评估机制。

（9）确定合规考察期限。对于适用企业合规改革办理的案件，应当商请第三方组织确定合规考察期限。

（10）企业合规考察期满，承办检察机关及时审查第三方组织提交的合规考察书面报告，并结合全案情况提出处理意见，呈报省人民检察院审批。

（11）组织公开听证。对拟作不起诉决定的案件，可以根据《人民检察院审查案件听证工作规定》组织公开听证。公开听证时，将邀请第三方组织的组成人员参加，全面审查涉案企业的合规建设情况。

（12）提出检察意见。对于适用企业合规改革办理的案件做出不起诉决定后，认为需要给予行政处罚、处分或没收违法所得的，应当结合合规建设情况，依法向有关主管机关提出检察意见。

（13）提出宽缓量刑建议。对于适用企业合规改革办理的案件提起公诉的，应当根据认罪认罚从宽制度提出宽缓量刑建议。

需要注意的是，涉案企业、人员在企业合规考察期限内具有下列情形之一的，企业合规改革将有可能终止：①认罪认罚后又反悔的；②未能有效履行企业合规计划的；③在考察期内实施新的犯罪的。

3. 涉案企业进行企业合规整改和建设的步骤

涉案企业进行企业合规整改和建设的具体步骤如下。

（1）建立和完善企业合规管理体系，接受第三方监督评估组织的调查、评估、监督和考察。

（2）在出具承诺书之日起一定期限内向第三方监督评估组织和检察机关提交完备的企业合规计划，并按照合规计划切实组织实施，确保合规建设的成效。

（3）按要求定期出具书面自查报告，报第三方监督评估组织并抄送检察机关。

（4）积极配合第三方监督评估组织的调查、评估、监督和考察，按要求及时提供有关合规资料，并根据第三方监督评估组织提出的意见和建议进行对照整改。

（5）接受检察机关的合规验收，提出合规不起诉申请。

四、合规改革试点下企业合规建设的建议

1. 明确企业合规建设的目标

对国家来说，推进企业刑事合规的目标是通过出台和实施刑事激励政策，对具有从轻情节的企业给予二次机会，一方面帮助企业改进治理、减轻对社会和民众的扩大影响、减少经济损失；另一方面，通过制定刑事合规政策，要求企业进行合规整改、实施合规计划，从而达到有效惩治和预防企业违法犯罪的目的，促进企业对法律的普遍遵守，服务和保障经济社会高质量发展，助力推进国家治理体系和治理能力现代化。

对企业来说，刑事合规的目标则是根据检察机关提出的检察建议进行整改，满足合规监督评估验收的要求，或者确保企业和员工的行为符合刑事法律规范、降低企业刑事法律风险、强化公司内部治理、提高企业合规经营能力。

2. 设计和建立完善的企业合规计划

基于上述目标和任务，企业应当围绕对企业涉嫌犯罪的内部治理结构、规章制度建设、人员管理等方面存在的问题进行整改和纠正，同时从构建有效的合规组织架构、制定可行的合规管理制度、健全合规风险防控报告机制等方面提出合规建设的计划，从而弥补企业的合规风险防控漏洞，防止再次发生相同或类似的违法犯罪行为。

根据最高检关于开展企业合规改革试点的要求，企业合规建设应当主要包括但不限于以下方面的内容。

（1）全面停止涉案违法行为，并积极采取退缴非法所得或补缴税款等措施。

（2）针对违规事件开展面向企业全员的警示与惩戒活动，设立举报和调查机制。

（3）针对违规事件暴露出的高风险业务环节和岗位，建立风险评估机制，在物项／业务立项事前、事中、事后环节嵌入合规审查、合规检查程序。

（4）逐步完善公司规章制度，重点包括修订公司章程，制定对外和对内的管理办法，明确各部门职责，建构相互监督制约的制度机制，制定员工合规手册，为员工提供行为指引。

（5）组建合规工作领导机构，保障合规建设的相关制度有效落实；任命专职合规管理人员，明确合规管理人员的职权、职责及预算等资源支持，保障合规管理人员的独立性、权威性和专业性；建立监控机制，全面识别公司合规管理中的薄弱环节，并持续加以改进；开展考核与追责。

（6）开展防范违法违规操作的信息化建设，通过各种可行的技术手段防范合规风险。

（7）建立有效的监事制度，发挥监事对企业经营管理的监督作用。

（8）强化合规文化建设，实现常态化、制度化，建立全面覆盖且有重点的合规培训制度，提高全员合规意识。

合规计划建立后，企业还应当通过培训和交流等方式确保其员工充分意识到企业的合规政策，通过考核评估员工的合规表现，提升合规执行力。此外，企业还应当对合规计划的有效性进行定期评估，确保其能与时俱进地防范刑事法律风险。

3.重视并建立刑事法律风险防控机制

由于企业类型或所处的行业不同，其潜在或存在的刑事法律风险略不相同。即便是所涉及的刑事法律风险相同，其发生的原因、环节和对风险的治理也不尽相同。

首先，企业应当分析、排查引发刑事法律风险的环节和原因，列出合规风险清单，建立刑事法律风险的预防和评估机制。

其次，对识别的刑事法律风险，企业应逐一建立相应的防控和应对对策，确立企业合规计划的重点，从而建立并完善刑事合规制度。根据风险的不同原因和来源，刑事合规制度的设计和实施应当有所区别。针对单位犯罪风险，企业应当加强企业内部决策机制和规章制度在高发领域的管控力度，同时注重合规文化的构建、合规培训与宣传，从而加强企业整体刑事风险的防控。针对企业内部人员和机构引发的刑事合规风险，在进行刑事合规设计时，企业应当关注自身的各个部门和岗位，尤其是销售、运营、高级别岗位、会计、采购等高风险部门和岗位；关注各项管控机制和工作流程，包括招投标、财税、知识产权保护、劳动关系、合同管理、档案信息管理等；关注授权机制和范围是否科学合理。与此同时，企业应当加强对高风险岗位员工的合规培训，并建立相应的合规举报和调查机制，营造良好的合规氛围。针对企业作为受害主体而遭受的刑事合规风险，企业应当注重对商业伙伴的尽职调查，同时通过向其宣传合规政策、要求签订合规协议、做出合规承诺等方式防范商业伙伴带来的合规风险。

最后，企业应当对合规风险防控机制的有效性进行评估，对风险评估机制进行定期审查、更新和修订。

总的来说，判断合规计划本身及其实施是否有效目前并无统一的标准，虽然一些主管机关、行业协会发布了合规指南、合规标准等文件，但每个企业具有不同的特征、历史和文化，所暴露的刑事法律风险也不尽相同，无法制定适用所有企业的标准。因此，每个企业的合规计划都应当是个性化的、动态的。随着企业的业务范围、所处行业或企业文化的变化，必须定期评估刑事法律风险，适时更新企业合规制度。

REFERENCE <<< 参考文献 >>>

数字资源

[1]邱梦赟，韩小西，李晨．跨境合规观察：美国出口管制与经济制裁执法趋势预测及中企应对建议［P］．走出去智库．

[2]两用物项出口管制内部合规指南．商务部官网．

[3]一文读懂美国制裁与贸易管制各类黑名单［P］．赛尼尔法律智库．

[4]邱梦赟，韩小西，李晨．美国出口管制与经济制裁—中国反长臂管辖与反制裁制度 实务指南 2.0 版［P］．走出去智库．

专著

[1]杜方正．国有企业刑事合规制度研究［M］．北京：法律出版社，2022．

[2]李明燕．企业大合规［M］．北京：中国经济出版社，2021．

[3]陈瑞华．企业合规基本理论［M］．北京：法律出版社，2020．

[4]于腾群．企业风险控制与法律合规管理典型案例精析［M］．北京：法律出版社，2019．

[5]华东师范大学企业合规研究中心．企业合规讲义［M］．北京：中国法制出版社，2018．

[6]Lucien Bühr D.Risk&Compliance Management［M］.London：Law Business Reasearch Ltd，2021．

[7]Parker C.From Responsive Regulation to Ecological Compliance：Meta-regulation and the Existential Challenge of Corporate Compliance［M］.

Cambridge: Cambridge University Press, 2021.

［8］Pollman E.Corporate Social Responsibility, ESG, and Compliance［M］. Cambridge: Cambridge University Press, 2021.

［9］Manacorda S.Corporate Compliance on a Global Scale: Legitimacy and Effectiveness［J］.Springer Nature, 2021.

［10］Saloni P.Enterprise Compliance Risk Management: An Essential Toolkit for Banks and Financial Services［M］.New York: John Wiley & Sons, 2015.

［11］Aras G.A Handbook of Corporate Governance and Social Responsibility. ［M］London: Routledge, 2011.

［12］Anne M.Enterprise Risk Management Best Practices: From Assessment to Ongoing Compliance［M］.New York: John Wiley & Sons, 2011.

期刊

［1］刘霜.意大利企业合规制度的全面解读及其启示［J］.法制与社会发展, 2022（1）: 59-77.

［2］李玉华.企业合规本土化中的"双不起诉"［J］.法制与社会发展, 2022（1）: 25-39.

［3］冯硕.TikTok被禁中的数据博弈与法律回应［J］.东方法学, 2021（1）: 74-89.

［4］李本灿.法治化营商环境建设的合规机制——以刑事合规为中心［J］. 法学研究, 2021（1）: 173-190.

［5］王健文.论董事"善意"规则的演进及其对我国的借鉴意义［J］.比较法研究, 2021（1）: 105-118.

［6］陈瑞华.论企业合规的基本价值［J］.法学论坛, 2021（6）: 5-20.

[7]陈瑞华.论企业合规的性质[J].浙江工商大学学报,2021(1):
45-60.

[8]马明亮.论企业合规监管制度——以独立监管人为视角[J].中国刑
事法杂志,2021(1):131-144.

[9]陈瑞华.论企业合规在行政监管机制中的地位[J].上海政法学院学
报(法治论丛),2021(6).

[10]刘少军.企业合规不起诉制度本土化的可能及限度[J].法学杂志,
2021(1):51-65.

[11]肖沛权.企业合规不起诉制度的实践流变、价值及其构建[J].山西
大学学报(哲学社会科学版),2021(5):153-160.

[12]李玉华.我国企业合规的刑事诉讼激励[J].比较法研究,2020(1):
19-33.

[13]谈倩,李珂.我国企业合规第三方监管实证探析——以检察机关企业
合规改革试点工作为切入点[J].中国检察官,2021(11):18-23.

[14]李本灿.刑事合规的制度史考察:以美国法为切入点[J].上海政法
学院学报(法治论丛),2021(6):39-55.

[15]赵恒.刑事合规计划的内在特征及其借鉴思路[J].法学杂志,2021(1):
66-79.

[16]邓峰.公司合规的源流及中国的制度局限[J].比较法研究,2021(1):
34-45.

[17]赵万一,王鹏.论我国公司合规行为综合协同调整的法律实现路径
[J].河北法学,2021(7):58-75.

[18]孙春蕾.论作为监管激励机制的企业合规[J].行政管理改革,2021(4):
84-91.

[19]孙国祥.企业合规改革实践的观察与思考[J].中国刑事法杂志,

2021（5）：23-41.

［20］杨宇冠，张沈锶.英国 DPA 在处理公司刑事合规案件中的适用及借鉴［J］.经贸法律评论，2021（2）：84-99.

［21］王东光.组织法视角下的公司合规：理论基础与制度阐释——德国法上的考察及对我国的启示［J］.法治研究，2021（6）：56-70.

［22］范佳宜.GDPR 下对中国企业数据跨境合规的思考［J］.上海法学研究，2021（7）.

［23］崔文玉.公司治理的新型机制 商刑交叉视野下的合规制度［J］.法商研究，2020（6）：115-126.

［24］陈瑞华.合规视野下的企业刑事责任问题［J］.环球法律评论，2020（1）：23-40.

［25］赵万一.合规制度的公司法设计及其实现路径［J］.中国法学，2020（2）：69-88.

［26］陈瑞华.论企业合规的中国化问题［J］.法律科学：西北政法大学学报，2020（3）：34-48.

［27］陈瑞华.企业合规的基本问题［J］.中国法律评论，2020（1）：178-196.

［28］赵赤，王力.全球视野下我国企业合规的完善研究［J］.湖南广播电视大学学报，2020（2）：55-62.

［29］李本灿.刑事合规制度的法理根基［J］.东方法学，2020（5）：32-44.

［30］马明亮.作为犯罪治理方式的企业合规［J］.政法论坛，2020（3）168-181.

［31］陈瑞华.法国《萨宾第二法案》与刑事合规问题［J］.中国律师，2019（5）.

［32］杨大可，张艳.论德国监事会合规职责的制度内涵［J］.同济大学学报（社会科学版），2019（3）：114-124.

［33］赵丽莉，郑蕾.美国数据与隐私安全保护制度进展述评［J］.重庆理工大学学报（社会科学），2019（10）：110-118.

［34］陈瑞华.企业合规制度的三个维度——比较法视野下的分析［J］.比较法研究，2019（3）：61-77.

［35］邓志松，戴建民.《网络安全法》时代数据跨境传输的企业合规挑战［J］.汕头大学学报（人文社会科学版）2017（5）：70-73.

［36］杨力.中国企业合规的风险点、变化曲线与挑战应对［J］.政法论丛，2017（2）：3-16.

［37］喻玲.从威慑到合规指引 反垄断法实施的新趋势［J］.中外法学，2013（6）：1199-1218.

［38］王天禅.美国新兴技术出口管制及其影响分析［J］.信息安全与通信保密，2020（04）：14-19.

［39］李峥.美国经济制裁的历史沿革及战略目的与手段［J］.国际研究参考，2014（08）：9-15.